U0745038

福建历代高僧评传

丛书主编：释本性

法眼文益禅师

◎ 张云江 著

厦门大学出版社

福 州 芝 山 开 元 寺 重 点 资 助 项 目

福建省开元佛教文化研究所重点科研项目

"福建历代高僧评传"丛书编委名单

顾　问：释学诚　方立天　余险峰

主　编：释本性

副主编：严　正　王岗峰　张善荣

编　委：（按姓氏笔画）

　　　　释济群　释圆慈　王永钊　叶　翔　甘满堂

　　　　刘泽亮　陈庆元　张善文　何乃川　李小荣

　　　　何绵山　陈　寒　郑颐寿　林国平　林观潮

　　　　周书荣　高令印　黄海德　谢重光　詹石窗

　　　　薛鹏志　戴显群

助　理：释妙智　陈海平　马海燕

四十二世法眼文益禪師

法眼文益禅师道影

总序一

学诚

[中国佛教协会　副会长

福建省佛教协会　会长]

福建地处我国东南沿海，早在三国时期，佛教就已传入这块充满生机的土地，并与生长在这里的人们结下了不解之缘，出现了诸如百丈怀海、黄檗希运、雪峰义存等杰出的佛门巨匠，而近代之太虚大师、弘一法师、虚云老和尚、圆瑛法师等以福建为道场，在中国佛教近代史上写下了光辉灿烂的一页。

纵观福建佛教的历史发展，它具有以下几个主要特点：

一、寺院建筑规模宏大。譬如泉州开元寺、福州怡山西禅寺、鼓山涌泉寺、厦门南普陀寺、莆田广化寺等，皆雕梁画栋、错落有致、气势磅礴、雄伟壮观。

二、丛林道风严整有序。自百丈禅师创立清规以来，丛林生活的规范即成为僧团和合共住的信条，一直延续至今，仍为僧团必须遵守的制度。

三、重视教育，培养僧才。佛教教育一直为福建各名蓝古刹的大德先贤所重视，早在唐宋时期，即有各种形式的讲学活动。近现代的佛学教育则应首推太虚大师创办的闽南佛学院，圆拙长老开办的福建佛学院，当今国内外住持佛教的许多大德多为两院毕业生。

四、弘经布教，法音周遍。人能弘道，非道弘人，福建佛教历来重视经典的传布与流通，宋代福州开元寺历 40 年雕刻出版《毗卢大藏经》（俗称"福州藏"），明清时期鼓山涌泉寺即刻版印刷佛教经典。斗转星移，现代由圆拙老法师发起和创立的莆田广化寺佛经流通处所印行的佛教典籍，对当代中国佛教的复兴产生了不可忽视的影响与作用。福建的法师，足迹遍及东南亚与港澳台地区，这些地区至今仍与福建佛教法谊绵延。

五、慈善救济，福利人天。经云："佛心者，大慈悲心是。"本着无缘大慈、同体大悲的思想与精神，千百年来，福建佛教积极开展济世利民的慈善事业，诸如兴建桥梁、施医施药、赈灾济厄等方面，皆留下了弥足珍贵的感人事迹！

六、通俗信仰普及民间。佛教在福建的不断发展，与传统的儒家、道教结合，从而形成各种地方性的民间信仰，千百年来，广泛融入到福建人民生活之中。

萧梁古刹——福州开元寺方丈本性法师，年富力强，嗣法明旸长老，秉承佛心、师志，集国内专家学者之力，精选出古今中外 50 名闽籍（或闽地）高僧，编撰"福建历代高僧评传"丛书，此举不仅是福建佛教界的大事，也是中国佛教界的盛事。丛书的出版，不光为彰显福建自古为佛教文化之重镇，更期追踪古圣先贤，为中华佛教界树立崇高典范，其拳拳赤子之情，令人感佩不已。

是为序。

总序二

净良

[台湾"中国佛教会" 理事长]

　　在佛门中，曾有传言："江浙出活佛，福建出祖师。"这不意味江浙不出祖师，而是赞扬浙江省出了一位济公活佛，江苏省则出了一位金山活佛，两者神迹轰动一时，故事流传民间，历久不衰，尤以济公活佛的影响可谓无远弗届。

　　至于说福建出祖师，那是因为福建多山，钟灵毓秀，而学佛出家为僧者众，也特别勤于修持，所以，历代高僧辈出，古有百丈怀海、黄檗希运、曹山本寂、雪峰义存等一代宗师，近代则有圆瑛、太虚、虚云、印光、弘一、广钦等大师，德泽遗馨犹在。

　　台闽佛教源远流长，溯流徂源，本是同根繁兴。早于清康熙期间，就有福建鼓山高僧参彻禅师游化台湾，建碧云寺于枕头山，由是开启了福建鼓山法系在台湾的传承。之后，福建佛教陆续传入台湾，出家僧众大多前往鼓山受戒，再转往各地参学。如今鼓山在台法系遍及全岛，如：基隆月眉山灵泉寺、台北观音山凌云寺、苗栗法云寺、高雄大岗山旧超峰寺，以及台南开元寺等。这是台湾佛教的五大法系，其发祥地即是福建鼓山。

1948 年，慈航菩萨受鼓山法云派下圆光寺住持妙果和尚的邀请，从新加坡到台湾创办台湾佛学院，揭开了台湾光复后首创的僧教育机构，招收近百位青年佛子而教育之，造就了台湾佛教的人才，成为现今大弘法化的主流，如现任世界佛教僧伽会长的了中长老、世界佛光总会长的星云长老，以及曾经担任几个佛学院院长的真华长老；在美国有印海、妙峰、净海长老，菲律宾有自立、唯慈长老等。

慈航菩萨是福建人，出家于泰宁庆云寺，曾经参学于国内大师座下，如圆瑛大师、太虚大师等，嗣弘法于东南亚诸国；到台湾之后，于1949 至 1950 年成为台湾僧青年的保护伞。由于慈航菩萨生前有回福建祖庭的遗愿，但因缘未具，自知往生时至，实时放下诸缘，于汐止弥勒内院闭关，并立下肉身不坏遗愿，1954 年安详示迹法华关中。众弟子秉遵遗嘱，五年后开缸，成为台湾首尊肉身不坏菩萨，给台湾佛教奠定开枝散叶的深厚基础，这就是祖师的典范，德泽万民！

我是福建人，因受到慈航菩萨在台创办佛学院的感召，于 1949 年春天，负笈台湾亲近慈航菩萨研习佛法。慈航菩萨严持戒律，有过午不食、手不接金银的习惯。在弥勒内院之时，起居生活与学僧相同，身无长物，唯以佛法，广结善缘，除讲课写作外，就是持咒念佛，我受其感化，至今仍遵循慈师没有私蓄、广结善缘的身教，但不及慈航菩萨的修持与德行。虽然如此，我终生感念慈航菩萨的德泽，因为如果没有慈航菩萨在台湾创办僧伽教育，我就不会来台湾，不知现在是何样子了。2007 年，福建泰宁庆云寺住持本性法师因发宏愿要迎请慈航菩萨的圣像回归祖庭供奉，与我联系，我万分感奋，因为我对慈航菩萨多年感念于心，终于有了报答的机会了。

在本性法师的真诚感召之下，慈航菩萨圣像的回归安奉，获得供奉慈航菩萨圣像的慈航纪念堂性旻法师同意，以及弥勒内院、静修院、菩提讲堂和慈航菩萨法系的肯定，2007 年 9 月在本性法师率团迎请及中佛会率团护送下，由台湾经金门、厦门、福州、泰宁等地，隆重迎请与护送之仪式，引起世界佛教徒的高度关注与向往，使慈航菩萨的文化、教育、慈善等振兴佛教的三大理念，重新受到教界的重视！

本性法师是福建人，出家之后，曾被派到斯里兰卡研习佛法，获得硕士学位之后，即回国服务，是现今中国佛教倚重的弘法人才。本性法师重视教育与文化，在现代僧伽中，最具有佛学素养，能获其发愿承继慈航菩萨的三大志业，定能得心应手；对振兴中国佛教，一定能够贡献卓著，必使吾师慈航菩萨含笑于兜率弥勒内院矣！

2010 年初，本性法师向我提及将要出版"福建历代高僧评传"丛书，并有为我师（慈航菩萨）立传于中，以为弘扬福建佛教于世界。这是一桩不朽的大功德，令我欣喜赞赏，因为历代祖师一生宏愿在于广传佛法，启导人心向善，而近代之高僧大德更是戮力相承，不遗余力，慈航菩萨则是两岸佛教弘法利生之代表。但愿此书面世，能成为各地教徒的明灯，普照大乘佛教于世界。是为序！

总序三

觉光

[香港佛教联合会 会长]

"福建历代高僧评传"丛书面世，既承传了佛教史籍的文化传统，同时发扬了现代传达佛教精神的作用。

丛书以福建本籍高僧，或其他高僧在闽省弘化为描述重点，这并不存有畛域之见，只是从点到线而面作一引述，毕竟弘传佛法是佛教徒的普世事功。佛陀在世，将佛法真理，以游化诸国方式作广传，佛灭度后，佛教僧团为续佛慧命，从佛教发源地，向全球作放射式到各方弘法，佛教才有南传北传，佛法才有东渐西渐的空间说法。丛书为个别高僧作评传提到的弘法地区有大陆、新加坡、菲律宾、马来西亚、印尼、越南、香港和台湾。这崭新的载述，是过往僧传未曾有的。

梁慧皎撰写了我国佛教最早一部高僧史籍《高僧传》，编制起自东汉迄梁，九个朝代，继后唐道宣著《续高僧传》，宋赞宁著《大宋高僧传》，明如惺著《大明高僧传》，这四朝高僧传，在时间体例上大致依所历朝代作纵线安排。现今丛书亦以自唐、五代、宋、元、明、清、近现代等历代时间分述，条理分明，且紧贴时代。

人能弘道，道赖人传，佛教僧伽潜修向佛，当自可了脱生死，而佛陀成立僧团的重要目的，不只在引导僧伽自了，而在冀望他们能广宣弘化，普度众生，弥补了佛法虽好无人说的缺漏。因此僧伽便负有弘法利生的重任。僧伽队伍庞大，发心和行动不一，自慧皎为僧立传，取高为僧人品行标准，于是僧人中就有为众称誉为高僧的。《高僧传》膺任高僧的都是高蹈独觉的出家人，品行德高才堪称高僧，为他们立传是因他们能起言为人师，行为世范的教化作用。四部高僧传大同小异地将高僧德业分十门类记述：译经、义解、神异、习禅、明律、亡身、诵经、兴福、经师及唱导。清徐昌治编辑《高僧摘要》一书，将拘于形式的十门类转录为四类高僧：道高、法高、品高、化高。评传丛书不拘十门四类作高僧分论，只为个别作评传，想是高僧才具或专或博，修持或潜或显，都咸以佛陀万德庄严为依归，丛书这样编排评传实属契机合理。

僧伽有名无德固然是个别追求名闻利养的习气，不足为训，而有德无名亦难起宣教作用，为德高望重的高僧行事作翔实的布导，身教言教作客观的评述，"福建历代高僧评传"内容想必有感人的情节，动人的语言文字，应是最佳引人入胜的宣教题材，是直心向佛学佛人的最佳课本。期待这新编佛教史籍会是"澡雪精神，不特名世，亦必传世"。

佛历二五五三年(2009)仲夏　觉光序于香港观宗寺 时年九十

总序四

健钊

［澳门佛教总会　会长］

窃以慧日高悬，辅掌闽之法化；有教无类，为学院培育龙象，如是性相，导开元佛学研究；万物生光，书画畅阐本怀，弥勒应世，专研慈航文化；任福州开元、泰宁庆云之丈席，为继承发扬佛教文化之精髓。

本性大和尚，藉开元佛教文化研究所，出版"福建历代高僧评传"，丛书之首，邀吾为作总序，自惭才疏，实愧不敢当也！惟感与师，相交相知，游历各邦，学养深厚，慈风法雨，著作良多，恩泽众生，年青有为，今荷担如来家业，是为翘首以瞻之。

"福建历代高僧评传"丛书，专选闽之先贤，殊胜因缘高僧，如闽侯雪峰义存禅师，上继行思，下开二宗，偈曰："切忌从他觅，迢迢与我疏，渠今正是我，我今不是渠。"

玄沙师备禅师，闻燕子声，随机示众，"此声乃诸法实相，善巧说法之显现"。

演音弘一大师："佛者，觉也，觉了真理，乃能誓舍身命，牺牲一切，勇猛精进，救护国家。是故救国必须念佛。"

古岩德清虚公老和尚："证悟真空，万法一体，离合悲欢，随缘泡水。"

宏悟圆瑛老法师，宗通说通，辩才无碍，精研楞严，推为独步，教人"舍识用根，忘尘照性，悟圆理，起圆修，得圆证，疾趣无上菩提矣！"

泰宁慈航菩萨，护国弘教，实践人间佛教，服务社会、弘扬佛教传统；积极奉献，慈悲精神永在；勉励后学，身体力行实践。

漳州妙智和尚，注重禅修，深谙医术，提倡佛教养生之道，"三勤、三静、三淡、三乐"。古哲先贤，兹选五十余位，大德垂训，著述独立评传，每约十万余字，共计五百万数，诚邀专家学者评传，实乃近代庄严伟岸之纪。

佛陀入灭至今，已历二千五百余年，若无前人翻译经典以留传，如何发展各种思想与理论；若缺不同形式之劝世诗词，后世实难有可听闻机会；文章论述，了解当年佛陀教化；高僧传记，形象风范足传千古。从超越群峰，睥睨世情而视之，高僧无象之象，才会蔼然照耀。通过文字技巧，叙述介绍方式，将高僧之行谊，呈于读者眼前，经过文学表现，方能普及于民间，既能深入民心，达致弘法效用矣。

留传至今之各种传法方式，实有赖历代高僧努力所致。高山仰止，景行行止，而心向往之。重温过去高僧之行谊，从而体验先贤之贡献，如何影响后世，乃至中国佛教。吾深信阅读"福建历代高僧评传"，必有助于提升个人心灵之洞见，为汝修行前路，点燃一盏明灯。默然祝祷！虔敬而颂之！

澳门佛教总会　健钊

佛纪二千五百五十三年岁次己丑佛诞日

总序五

釋
本
性

[福建省开元佛教文化研究所　所长

福 州 芝 山 开 元 寺 方 丈]

福建，简称"闽"，位踞东南，多山而临海，与台湾隔海相望。陈永定元年（557）置闽州，下辖晋安、建安、南安三郡，此为福建省级建制之始；唐开元间，从福州、建州各取一字，这就是"福建"之名的由来。

闽地古称边鄙，远涉不易。筠州九峰普满大师问僧：离什么处？曰：闽中。师曰：远涉不易。曰：不难，动步便到。师曰：有不动步者么？僧曰：有。师曰：争得到此间。僧无对。（《景德传灯录》卷十七）然闽地民人，谙习佛法，其来久矣。据学者言，早在东汉、东吴、西晋时期，即有西域僧人取海路来华，而后来以海路来华且与福建有关者，就有佛教"四大翻译家"之一的真谛法师。据传，今南安九日山"翻经石"即为当年真谛翻译佛经之遗迹。

佛教在中土的发展，到唐代而臻于鼎盛，宗门崛起，"一花开五叶"，形成曹洞宗、临济宗、法眼宗、云门宗、沩仰宗等五大宗，阅诸僧史传录，五宗祖师大都与福建有关联。

道一禅师，得法南岳让禅师门下，俗姓马，世称马祖，《景德传灯录》卷六云："唐开元中习禅定于衡岳传法院，遇让和尚，同参九人唯师密受心印。始自建阳佛迹岭，迁至临川，次至南康龚公山。"马祖传法于建阳佛迹岭，是为南宗禅在闽传播之始。

百丈怀海禅师，福州长乐人，嗣法马祖。师睹禅宗自曹溪以来，多居律寺，于是创意别立禅居，建方丈、法堂等，丛林规模由是初具，禅门由是独行，其功甚伟！

沩山灵祐禅师，福州长溪（今霞浦）人，嗣法怀海禅师。师居沩山，敷扬宗教凡四十余年，达者不可胜数，入室弟子四十一人，最著者为仰山慧寂，其宗后称沩仰宗。

黄檗希运禅师，福州人。师参怀海禅师，弘化江表，开"黄檗门风"。

雪峰义存禅师，俗姓曾，南安县人。出家参学多方，得法归闽。其座下弟子众多，以玄沙师备、鼓山神晏为最著。义存禅学博大精深，云门与法眼两宗皆源出其门。

曹山本寂禅师，莆田人，嗣法洞山良价禅师。居曹山，为曹洞宗宗祖。

以上诸师，都是禅门开宗立派之祖师，佛之慧命，赖其传续。

宋代福建佛教达于极盛，丛林有上千座之多。禅宗曹洞、云门、法眼、临济、黄龙和杨歧诸宗在闽皆有流行，各领风骚于一时。

至于明清，国内佛教界，渐染世习，弊窦丛生，时佛门诸俊，莫不以振兴宗门、光大佛教为职志，由是有"明末四大高僧"出焉。在明末如火如荼的禅门复兴运动中，闽籍高僧出力甚勤，永觉元贤、为霖道需诸师，于闽浙赣等地，踞狮子座，擂大法鼓，"中其毒而死者"，实繁有徒，其重振曹洞一宗雄风，时人莫不称叹。又有福清临济僧隐元隆琦，布教东瀛，开创日本黄檗宗，为中日佛教交流史上的一位重要人物。

及于近现代，佛教界亦有令人高山仰止之"四大高僧"——虚云禅师、太虚法师、弘一法师和圆瑛法师。他们悲心真切，誓愿宏深，以福建为主要道场，立大法幢，救正法于危厄，济民生于倒悬。

虚云法师，生于泉州，被尊为一代禅门宗匠，曾长期弘化于福建。师一身兼担禅宗五派门庭——接传曹洞宗，兼嗣临济宗，中兴云门宗，扶持法眼宗，延续沩仰宗。师一生习禅苦行，以长于整顿佛教丛林、兴建名刹著称，曾是中国佛教协会名誉会长之一。

太虚法师，民国时期中国佛教界著名领袖之一。师一生致力于现代佛教的改革运动，提倡"人生佛教"，是当代"人间佛教"理念的开创者。师还创办各类佛学院，培养僧才，其在闽弘法多年，创办了闽南佛学院。闽南佛学院为现当代佛教界培养了一大批精英人才。

弘一法师，严持戒律，精研佛典，被尊为南山律宗第十一代宗师。师久居厦门南普陀及泉州承天、开元等寺，门下著名弟子有圆拙法师等。

圆瑛法师，古田人，曾任民国中国佛教会理事长，中国佛教协会第一任会长。师辩才无碍，独步楞严，致力于兴办慈幼院，弘法度生。一生高举爱国爱教旗帜，积极献身中国抗日运动和新中国建设事业，其门下弟子有明旸长老、赵朴初居士、白圣长老、慈航法师等。

近现代的福建高僧，多有弘化于东南亚诸国者，他们为佛教在东南亚的发展作出了突出的贡献，如转道法师，南安人，曾参学于圆瑛、会泉诸位大德，曾任新加坡中华佛教会会长；宏船法师，晋江人，历任新加坡佛教总会主席、新加坡佛教总会会长；性愿法师，南安人，致力弘扬佛法，被尊为"菲律宾佛教之开山初祖"……

1949年，中华人民共和国成立，在新的社会形势下，佛门弟子各承师志，弘化一方，又涌现出了许多闽籍高僧。

圆拙法师，连江人，为弘一大师的衣钵传人。先后担任福建省佛教协会副会长、名誉会长、中国佛教协会副会长、中国佛教协会咨议委员会主任等职。师一贯重视佛经流通，创办莆田广化寺佛经流通处等，印行经书，法雨普滋，名闻全国。

明旸法师，福州人，依圆瑛大师披剃出家，法名日新，号明旸。先后两次随圆瑛大师远涉南洋各地募款救国。曾任第八届全国政协常委、全国政协民族宗教委员会副主任，中国佛教协会副会长等职。

台湾佛教自古与福建佛教法缘甚深。连横《台湾通史》言："（台湾）佛教之来，已数百年，其宗派多传自福建。"两岸佛教界同根同源，近年来，教内交往越发频繁，两岸僧人同聚首，共叙法乳深恩，为海峡两岸的和平与发展，为中华民族的伟大复兴，竭尽绵薄之力。

慈航法师，建宁人，剃度出家于泰宁庆云寺，后驻锡台湾。师圆寂后，肉身不化，是台湾第一尊肉身菩萨。师学从太虚大师，嗣法圆瑛老和尚，精专唯识，倡导人间佛教理念，创办《人间佛教》月刊，以"文化、教育、慈善"推动实践人间佛教精神，对当代台湾佛教界有着极为深远的影响。

　　2007年9月,承慈航菩萨圣像回归泰宁庆云寺祖庭活动举办之胜缘,为继承与弘扬中国优秀的佛教文化,加强福建省与国内外佛教文化界的友好交往,挖掘、整理、研究、光大福建佛教文化,经福建省民族宗教厅同意、福建省社会科学界联合会批准、福建省民政厅登记,福州开元寺创办了福建省开元佛教文化研究所。建所伊始,我们即拟定了编撰"福建历代高僧评传"丛书的课题计划,选取与福建有殊胜因缘的代表性高僧约50位,为每位高僧撰写一本评传。

　　这套丛书的出版得到社会各界的大力支持,国内外专家学者热烈响应并积极参与丛书的编撰工作。值此"福建历代高僧评传"丛书付梓之际,我谨代表福建省开元佛教文化研究所对所有曾为丛书组织、编撰、审稿和出版付出辛勤劳动的各界人士表示诚挚的感谢,特别感谢中国佛教协会副会长、福建省佛教协会会长学诚大和尚,台湾"中国佛教会"理事长净良长老,香港佛教联合会会长觉光长老,澳门佛教总会会长健钊长老诸前辈拨冗赐序,并感谢中国人民大学方立天教授、福建省文史馆副馆长余险峰先生、福建社会科学院原院长严正教授、本所副所长张善荣先生、王岗峰教授等专家学者的关心与支持。我们并衷心希望学界、佛教界以及社会各界人士能够一如既往地给予此丛书更多的关注,以使该丛书能够对推动福建乃至中国的佛教学术研究事业有所助益。

目　录

第一章
唐末五代福建佛教概况①

第一节　乱世偏安一隅的福建

　　文益出生于公元 885 年，卒于 958 年。 自唐僖宗乾符二年（875）王仙芝、黄巢在河南、山东一带起义算起②，至公元 960 年赵匡胤建立北宋王朝为止，唐末乱世加上五代十国之混乱局势，一共 85 年。 文益寿 74 岁，可谓与此乱世相始终者。

　　此一段乱世却又是中国禅宗发展最为兴盛的

---

　　① 本著作亦得到华侨大学科研基金项目的资助，项目编号：09BS101。

　　② 关于王仙芝起义的具体时间，学界有乾符元年末与二年初的争议。方积六先生经过细致考订，认为应该是乾符二年五月。今从其说。方积六：《黄巢起义考》第 10 页，中国社会科学出版社 1983 年版。

时期之一。 宋僧祖琇《隆兴佛教编年通论》中云：

> 五代五十三年，合唐末乱罹，凡八九十载，可谓薄福鲜德之世，唯战争杀伐为事，文章德行、礼义廉耻丧灭几尽。 唯吾属有所谓大沩、黄檗、洞山、云居、雪峰、玄沙、云门、鼓山，若此类，学徒常数千百人，而深禅妙句脍炙古今，高风异行照映天人，踪迹具在，不可诬也。①

至于其原因，元僧熙仲编集的《历朝释氏资鉴》中认为，黄巢、秦宗权起义后，到了五代十国时期，军阀各据一方，虽然时有杀伐内乱之事，不过都能保境安民，崇敬佛法，且多有造寺度僧之举。 其中王审知统治下的福建一带，佛法尤为兴盛。②

乾符五年（878）十二月，黄巢军队攻陷福州，不过只作短暂停留，一个月后即移师进入广东境内。 黄巢起义对福建的经济、文化并未造成过于严重的伤害③，但却改变了福建原有的政治格局，唐王朝旧有官吏，或者弃城而逃，或者被巢军消灭，福建地方势力趁机崛起。 陈岩（848—891）因组建"九龙军"抗击巢军并守土有功而被任命为团练副使，中和四年（882）底，被授福建观察史。 陈岩治闽，《资治通鉴》称其"为治有威惠，闽人安之"。④

---

① 【宋】祖琇：《隆兴佛教编年通论》卷 28，续 75 册 247 页上。
② 【元】熙仲集《历朝释氏资鉴》卷 6，续 76 册 179 页中。
③ 《新唐书》卷 150 下记载："巢入闽，俘民给称儒者，皆释"，入福州后，"焚室庐，杀人如蕀"，但是经过崇文馆校书郎黄璞家时却下令说："此儒者，灭炬弗焚。"
④ 《资治通鉴》卷 256 记载陈岩事迹云："初，黄巢转掠福建，建州人陈岩聚众数千保乡里，号'九龙军'，福建观察使郑镒奏为团练副使。泉州刺史、左厢都虞候李连有罪，亡入溪洞，合众攻福州，岩击败之。镒畏岩之逼，表岩自代，壬寅，以岩为福建观察使。"

　　陈岩去世之后，福建为王氏政治集团所占据。 这一政权的创始者王潮、王审知入据福建，是黄巢之乱逼迫的结果。 他们本是淮南光州固始人，僖宗广明年间（880—881），黄巢攻入长安，江淮之间骚然，盗贼蜂起。 有一伙盗贼，其头目叫王绪，自称将军，占领了固始县，王潮时任县佐，受逼迫当了军正。 黄巢死后，秦宗权势力炽然，任命王绪为光州刺史，不久因为矛盾又派兵攻打王绪。 王绪避其锋芒，率领部属渡过长江，辗转进入福建境内。 王潮、王审知兄弟二人被胁迫跟随而来。 王绪占据汀州，自称刺史。 王绪多疑忌，部将有比他出色的，几乎都被他杀掉了。 王潮联合几个人逮捕了王绪，取而代之为军帅。①当时泉州刺史廖彦若为政残暴，在百姓请求下，王潮率军攻克泉州，并平定了周围的匪患，光启二年（886），福建观察史陈岩表奏王潮为泉州刺史。 大顺二年（891），陈岩病卒，遗命王潮继任，遭到陈岩女婿范晖的阻止，于是王潮派弟审知攻打福州，一年后攻克，斩范晖，从此尽有闽岭五州之地。 王潮上表朝廷，昭宗因此设置"福州威武军"，王潮为节度使。 是为王氏占据福建之始。 到了公元897年，王潮死后，王审知继任其位。

　　从公元897—925年，王审知从唐末的威武军节度使、福建观察使，一路升到梁朝的闽王。 在他统治时期，福建境内一直比较安定。《旧唐书》称：

────────

　　① 按《资治通鉴》所载，王潮逮捕王绪是在南安，王潮计谋，"伏壮士数十人于箦竹中，伺绪至，挺剑大呼跃出，就马上擒之，反缚以徇。"王潮约束士兵，军纪甚严，他打算带兵回光州，走到沙县，泉州人张延鲁等人诉以刺史廖彦若贪暴，"帅者老奉牛酒遮道，请潮留为州将，潮乃引兵围泉州。"

审知起自垄亩，以至富贵，每以节俭自处，选任良吏，省刑惜费，轻徭薄敛，与民休息，三十年间，一境晏然。①

尤其难能可贵的，王审知弘扬佛教不遗余力。其间渊源，或与以下事件有关：

初，王潮尝假道于洪州，时钟传为洪州节度使，以王潮若得福建，境土相接，必为己患，阴欲诛之。有僧上蓝者，通于术数，动皆先知，大为钟所重。因入谒，察传词气，惊曰："令公何故起恶意，是欲杀王潮否？"传不敢隐，尽以告之。上蓝曰："老僧观王潮与福建有缘，必变，彼时作一好世界。令公宜加礼厚待，若必杀之，令公之福去矣。"于是传加以援送。②

此事件之记载见于宋陶岳所撰《五代史补》。"王潮假道于洪州"，应该是他跟随王绪从淮南经江西入福建之时，时间大概在公元885—886年前后。僖宗中和二年（882），军校出身的钟传因"击贼频胜"而"逐观察使，自称留后"，后拜镇南军节度使，占据洪州（南昌），再封南平王。"王潮假道于洪州"，当时的军帅仍为王绪，王潮兄弟不过军中小校，钟传如何能看出王潮能得福建？或者有非常之术以察得之？如果这样的话，僧上蓝阻止钟传阴谋并预言王潮能"作一好世界"，非但挽救了王潮性命，而且增强其信心不小，后来王潮敢于杀掉王绪，可能与上蓝的预言鼓舞有些关系。

① 【宋】薛居正撰《旧五代史》卷134，中华书局2000年版，第1245页。
② 同上，第1246页。

此处的"上蓝",是否就是夹山善会的法嗣令超禅师尚不可知。洪州上蓝院为令超所创立,他"初住筠州上蓝山说夹山之禅",后来来到洪州创禅院,仍取用"上蓝"之名。令超逝于唐昭宗大顺元年(890)正月十五①,钟传则死于公元906年。天复二年(902),云居道膺禅师去世,钟传曾出资供其丧葬。可见钟传是一位虔诚奉佛者,在相关灯录记载中,钟传算是上蓝令超的弟子。②

陶岳《五代史补》仍叙上蓝和尚与王氏后来故事云:

及审知之嗣位也,杨行密方盛,常有吞江南之志气。审知居常忧之,因其先人尝为上蓝所知,乃使人赍金帛往遗之,号曰"送供",并问国之休咎。使回,上蓝以十字为报,其词曰:"不怕羊入屋,只怕钱入腹。"审知得之叹曰:"羊者杨也,腹者福州也。得非福州之患不在杨行密而在钱氏乎?"③

其后王氏政权内乱,李璟派查文徽带兵进攻福州,经年不能下,吴越救兵至,查文徽腹背受敌,大败,福州为钱氏所有,"钱入腹"之谶始验。按令超禅师逝于公元890年,彼时王潮尚健在,刚刚在泉州站稳脚跟,三年之后才得以入据福州称"留后"。结合《五代史补》中"上

---

① 【宋】道原:《景德传灯录》卷16,大51册332页上。令超去世时间为:"唐大顺庚戌岁正月初"。又记载令超最后说,"吾约住此十年,今化事既毕,当欲行矣。"这样算起来,令超在南昌上蓝院住了不到十年的时间。

② 《传法正宗记》:"大鉴之七世曰洪州上蓝令超禅师,其所出法嗣二人,一曰河东北院简禅师者,一曰洪州南平王钟传者。"【宋】契嵩编:《传法正宗记》卷7,《大正藏》51册756页下。

③ 前引《旧五代史》第1247页。

蓝遗钟传偈"的轶闻①，这位擅长预言休咎的术数大师"上蓝和尚"，就不太可能是令超禅师。 或者上蓝院另有一位擅长术数休咎的僧人而非令超禅师，因其居住上蓝院且"失其名"而被方便称呼为"上蓝和尚"，他大概是在 10 世纪初才去世的。 如果"上蓝和尚"始终是令超禅师的话，时间上就完全对不上，那么上述"僧上蓝"与王氏的因缘故事，包括前面所述阻止钟传杀王潮之事，或者并无其事，只是一种附会传言而已。 但此传言在当时应该流传较广，否则很难进入正史视野之中。 特别是上蓝所谓"彼时作一好世界"的预言，既是大众对王氏占据福建之后的期许，亦可视为人们对其功业的一种赞扬。 毕竟，王氏兄弟入据福州，是给福建当地百姓带来了 30 年安定和平的日子，同时也给禅宗在福建的兴盛营造了一个相对良好的环境。

唐哀帝天祐三年（906），于兢撰《王审知德政碑》，其中有云："奉大雄之教，崇上善之因，象法重兴，导师如在。 虹梁雕拱，重新忉利之宫；钿轴牙签，更演毗尼之藏。 而又盛兴宝塔，多舍净财。"②可见王审知对于修建寺庙是不遗余力的。

禅史灯录中津津乐道的是王审知邀请雪峰义存、玄沙师备二位禅师入内问道的故事。 公元 906 年、907 年，王审知曾两次邀请雪峰、玄沙入内问法。 《雪峰禅师语录》中记载了王审知所问问题及雪峰、玄沙的

---

① 《五代史补》另有"上蓝遗钟传偈"的故事：上蓝和尚，失其名，居于洪州上蓝院。精究术数，大为钟传所礼。一旦疾笃，往省之，且曰："老夫于和尚，可谓无间矣。和尚或不讳，得无一言相付耶？"上蓝强起，索笔作偈以授，其末云："但看来年二三月，柳条搋作打钟槌。"偈终而卒。传得之，不能测。洎明年春，淮帅引兵奄至，洪州陷，江南遂为杨氏有。打钟之偈，人始悟焉。按《新五代史》杂传第二十九记载，天祐三年（906），钟传死后不久，其子嗣争权内乱，遂为杨渥所灭。从时间上推断，上蓝院当另有一位擅长术数的僧人而非令超禅师。
② 《王审知德政碑》，《金石萃编》卷118，《石刻史料新编》，一般类第三册，页23a，台北新文丰出版社。

回答。当时王审知和二位禅师坐在前面谈话，隔着帷帐有"内尚书三人"随言纪录。从此纪录中我们不难窥见王审知的佛学见识及崇佛原因。

王审知所问的第一个问题是："诸佛并达摩所传秘密心印，乞师的实为说；且祖佛已来，究竟修何因果，乃得成佛？"

雪峰、玄沙以明见心性之法门示之，并如是转折云：

大王，大藏教中，一切经论，千般万般，只为一心，祖祖相传一心。但山僧为大王说此事，未可造次指示真性。大王，缘此事，山僧各各有千百人众，并是二三十年密用此事，未有一二人承当得，况此法门是过去诸佛只一人传一人。况今大王为圣天子，日为万民判断山河，有迷心念，争觑得此事真实法门？愿大王且为佛法主宰，于笔头下救护生灵，岂不是好事？①

言下之意，是说禅宗顿悟法门修行不易、承当更难，劝王审知只发心作佛门外护，为佛法主宰，修明政治以救护生灵，也还不错。但是王审知的志愿还比较大，并不满足于仅作佛门外护，而是要"成佛"，于是他紧跟着问道："朕今造寺修福，布施度僧，诸恶莫作，众善奉行，如此去，还得成佛否？"

这一来雪峰、玄沙只好把家底全都抖搂出来，说这只能得升天及福寿之果报，福尽即堕。只有"识取实相"才能成佛。话说至此，王审

① 【明】林弘衍编《雪峰义存禅师语录》卷下，续69册78页中。

知竟然站立起来向二师行礼，恳求"相救生死事"。雪峰、玄沙讲说了一番心性的道理，王审知"闻二师如此相劝指示，大起信心，便立大誓愿，志信受持，终无退志。"①

其后不久，王审知再次虔诚地邀请雪峰、玄沙入内问道。这一次仪式更加庄重甚至有些神秘。雪峰首先在香案前上香，祝愿说："某为传大王佛法心印，伏愿地神报空中神，空中神报天神，尽十方三世诸佛同为证明，三十三天众同共证明。"王审知也在香案前发愿，"志专佛乘，不敢外泄"，然后请师"指示一心，得达达摩法门。"雪峰便将"亘古亘今祖师玄旨"、"灵山会上列圣众前秘密玄旨"说与王审知，并要王审知"发大无量弘愿，保持取作佛去，莫受轮回，不可容易。"王审知说："百生千生，庆幸得逢善知识指示，若不因二师直说，万劫也不会此空空无相之门，此去誓不负二师深恩。"二师又嘱咐说："但念念常空寂，日用有大因果。前楞严具说经上玄旨，如今但布施广作利益，并为助道之门，不拘有无之见，一切自在，但日日修无功用道，受持四句偈。"王审知听法之后大喜，布施黄金二十锭给雪峰、玄沙，但二师坚持不受。王审知从此以师礼奉侍雪峰、玄沙。②

按照上述记载，则王审知对于禅宗宗旨，起码是懂行之人，且能在内心作"频省妄念、归真合道"之修持，在外能"布施广作利益"以为助道者。《历朝释氏资鉴》中说，十国"虽各据一方，皆崇佛法，造寺度僧，而闽之犹盛也"。闻名天下的福州四大禅寺——福州西院（长庆院）、雪峰寺、卧龙安国院、鼓山涌泉寺——中的后两座，都是在王审

---

① 同上，78页下。
② 同上，79页中。

知执政期间完成建筑的。这自然是王审知佛教"利好"政策的结果。五代十国时期，福建尤其是福州成为中国禅宗学徒聚集的渊薮、禅法修学的中心，也都和王审知对佛教不遗余力的弘扬有莫大的关系。

第二节　灿若群星的福建禅宗高僧

唐末五代时期，随着德山、临济、洞山等禅师相继陨谢，中国禅宗的重心悄然移至福建，尤其是福州一带。其标志性事件便是大安禅师与雪峰禅师归来并开山弘法。

唐武宗会昌五年（840），会昌法难爆发，这对于中国佛教是前所未有的一次严重打击。禅宗固然并不像其他宗派那样损失惨重，但负面影响依然不小。其后不久，各地禅宗大师纷纷陨落，尤其是在咸通年间，据《宋高僧传》记载，相继有六位著名禅师谢世：咸通六年（865），德山谢世：咸通七年（866），临济、藏奂、从谏、鉴宗谢世，到了咸通十年（869），洞山谢世。而差不多就在同一时代，大安与雪峰禅师学成后回到故乡福建，开始开创福建禅宗兴盛一时的局面。

先说大安禅师因缘。大安禅师，福州人，俗姓陈①，幼年出家，元和十二年（817）具戒，先在福州附近的黄檗山"听习律乘"，后孤锡游方，据禅宗灯录记载，大安曾到洪州百丈怀海禅师（720—814）门下参学，下面一段公案是比较有名的：

---

① 王荣国先生经考证认为，大安为福州福唐县福唐里（今福清市龙田镇）人，生于癸酉年（贞元九年，公元793年）。王荣国：《唐大安禅师生平考》，《宗教学研究》2001年第3期。

（大安）礼而问曰："学人欲求识佛，何者即是？"百丈曰："大似骑牛觅牛。"师曰："识后如何？"百丈曰："如人骑牛至家。"师曰："未审始终如何保任？"百丈曰："如牧牛人执杖视之，不令犯人苗稼。"师自兹领旨，更不驰求。同参祐禅师创居沩山也，师躬耕助道，及祐禅师归寂，众请接踵住持。①

于是在后世禅宗诸种灯录中，都把大安列为百丈法嗣而与沩山灵祐同学②。但怀海逝于元和九年（814），大安当时年仅21岁，并未受具足戒，按照当时的惯例，不可能前来参访怀海。《宋高僧传》明确记载，"元和十二年，敕建州浦城县乾元寺置兜率坛，（大安）始全戒足"，亦即大安此年就近受具足戒，当时曾感得瑞相——"天雨桂子"、"地生朱草"，刺史元锡为此上报朝廷，"诏改凤栖寺，号灵感坛焉"。从《宋高僧传》所说"始全戒足"中些许遗憾的语气来看，显然是在表示大安虽然童真出家，但受具足戒是比较晚的，因为正常应该在20岁，大安到了24岁才受具足戒；再经过黄檗山五年的学律生涯，大安离开家乡出来参访时大概在29岁左右，这时百丈已经逝去八年了。其间即便有所差池（如大安学律时间或许稍短一些），但就学于百丈门下似乎仍然是一件不太可能的事情。

我们注意到，《宋高僧传》中并没有明确大安的师承关系。《宋高僧传》云：

---

① 【宋】道原：《景德传灯录》卷9，大51册267中。
② 如《祖堂集》、《景德传灯录》、《五灯会元》、《释氏通鉴》、《联灯会要》等都将大安列为百丈法嗣，《大光明藏》、《禅宗正脉》等亦记载大安参访百丈之事。

安因往洪井,路出上元,忽逢一老父曰:"子往南昌,必有所得。"及咨参律学,夜闻二僧谈论,遽了三乘之旨,乃以所习付之同人。之临川,见石巩山慧藏禅师,藏之提唱,必持弓弩以拟学人,安服拜未兴,唱曰:"看箭!"安神色不挠,答对不差,石巩乃投弓曰:"几年射,始中半人也矣。"安游五台入龙池沐浴,虽久寝涟漪,殊无奋暴雨雹之怪,观者惊悚。后止沩山礼大圆禅师,复证前闻而为量果也。①

其中完全没有提及大安与百丈的师承关系,只是说他听闻二僧谈论,便"遽了三乘之旨",见石巩慧藏,游五台龙池,显见其造诣已非浅浅,后来参见沩山灵祐,不过切磋证明一下自己所悟不差而已,也不能说便是灵祐的弟子。

前引《景德传灯录》中说大安曾"躬耕助道",协助灵祐开创沩山道场,灵祐去世后,大安接任主持,大概有六年时间。大安在沩山前后一共居住了三十年左右,如其云:

安在沩山三十来年,吃沩山饭,屙沩山屎,不学沩山禅,只看一头水牯牛,若落路入草便牵出,若犯人苗稼即鞭挞,调伏既久,可怜生受人言语,如今变作个露地白牛,常在面前,终日露迥迥地,趁亦不去也。②

因此丛林称大安为"懒安"。至于大安回归福州的时间,则各种说法不尽相同,大致是在咸通六年至九年之间,咸通七年(866)的可能最

---

① 【宋】赞宁:《宋高僧传》卷12,大50册780页中。
② 【宋】道原:《景德传灯录》卷9,大51册267页中。

大，此时大安年 73 岁。① 在福建观察使李景温的邀请及赞助下，大安到福州城西怡山开创西禅寺传法，西禅寺亦被方便称为"西院"，禅史中，大安因此被称为"怡山大安"或"西院大安"。怡山西院也就是后来文益参学时所居住的"长庆院"，五代两宋时期与雪峰、鼓山一起被称为"闽中三大刹"。②

乾符三年（876），唐懿宗赐号大安"延圣大师"，并赐紫袈裟一副③。六年后，亦即中和二年（882），唐僖宗赐号雪峰"真觉大师"并紫衣袈裟。这在当时都是很大的荣耀，标志着二师道德得到了朝廷的尊重，在某种意义上亦可看作象征着 9 世纪末福建禅宗开始在天下丛林中占有越来越重要的地位。

今按赞宁所撰《大宋僧史略》中所说，古代僧人得朝廷赐号、赐紫绝非易事。"赐号"即是皇帝赐予某位高僧"某某大师"称号，此不同于谥号之死后荣光，而是在生前即得到皇帝封赐法名，以示褒奖及尊崇。"赐号"缘起梁武帝，他曾赐"娄约法师"号；隋代及唐朝前期，皇帝赐号，并无"大师"二字，如隋炀帝赐号智顗为"智者"，唐中宗赐号义净为"慈敏"等。唐穆宗时长庆元年（821），幽州（一说太平

---

① 大安禅师简要生平如下：童年出家，24 岁在建州乾元寺受具足戒，随即在黄檗山学律，30 岁左右出闽参访，并未见到百丈怀海禅师；游学十年左右；四十几岁在沩山拜访沩山灵祐禅师，因此被列入百丈门下，在沩山前后总共住了 30 年左右，咸通七年 73 岁时回闽；乾符三年 83 岁时受"延圣大师"号；中和三年 90 岁时圆寂。

② 《怡山长庆西禅寺重建法堂疏》中云："闽城之西五里许为怡山，其上盖有长庆西禅寺云。寺昉于唐，懒安禅师自大沩来居。白牛横触，耕耰大地，有句无句，搅乱当时。继而棱道者则以雪峰鳌鼻毒气熏满闽浮，历代灯传，绳绳不绝，与雪峰、鼓山称闽中三大刹。"见【清】道霈编《永觉元贤禅师广录》卷 17，续 72 册 485 页中。

③ 《宋高僧传》记载是在咸通十四年；《唐福州延寿禅院故延圣大师塔内真身记》则记载咸通十四年受敕封"延寿禅院"，三年后（僖宗乾符三年，876 年）才蒙赐紫衣，号延圣大师。今按后说。

军）节度使刘总出家为僧，穆宗赐号"大觉师"，赐僧腊五十。唐懿宗咸通年间，为僧人赐号渐多，咸通十一年十一月十四日延庆节，几位高僧入内与皇帝谈论佛法，懿宗很高兴，赐多位高僧号，也就是说，从懿宗朝开始有赐"师号"这一制度或习惯。

从相关规定看，一位僧人想得到赐号这一殊荣，一般先需要一位朝廷勋臣向皇帝推荐，皇帝派人考察，符合实情，再行赐号。当然也有些僧人或门下弟子是主动申请的。大安之获赐，按照《宋高僧传》的说法，先是有豫章观察使崔贞孝在朝廷的尽力褒扬，朝廷因此知其道德；其后按《真身记》之说，大安门下弟子惠真上奏朝廷才获得敕封①。雪峰之获赐号及赐紫，先是有内官自福建回京，向皇帝说起雪峰之道德，禧宗下旨，让福州所司汇报雪峰道行，"闽士"陈延郊上疏言其实，禧宗才赐号"真觉大师"并紫衣袈裟的，福建观察使李景温估计也是出了不少力的。

古代"赐人服章，极则朱紫"，故"赐紫"为极尊崇之事。僧人"赐紫"起源于武则天时法朗进献《大云经》以助武周革命之事，法朗、薛怀义等九人都因此被封为县公，皆赐紫袈裟、银龟袋。②懿宗咸通年间有给左右街僧官赐紫的定例，赞宁《宋高僧传》记载唐及五代朝廷"赐紫"事共55次，《大宋僧史略》列举唐及五代种种赐紫故事，可见给僧人赐紫大都是因为他们立有功勋或有非常事迹。懿宗咸通年间特别是僖宗昭宗年间，赐给诸道所推荐高僧紫衣较多，显然不能与代宗

---

① 全称为《唐福州延寿禅院故延圣大师塔内真身记》，石碑拓本影印件见梵辉《西禅古寺》，福建人民出版社1987年版。

② 【宋】志磐：《佛祖统纪》："载初元年，敕沙门法朗九人重译大云经，并封县公，赐紫袈裟、银龟袋（赐紫始此）。"大49册369页下。

朝以前的赐紫相提并论，但赐紫仍不失为是一件较为尊崇之事。①

我们不妨将《宋高僧传》中与大安、雪峰差不多同时代的得赐号、赐紫禅师列表如下以作比较：

名　讳	赐　号	赐紫	逝年	推荐者
杭州径山院鉴宗	无	863 年	866 年	不详
福州怡山大安	876 年延圣大师	876 年	882 年	崔贞孝
余杭径山院洪諲	893 年法济大师	883 年	901 年	钱镠
洪州云居山道膺	昭宗赐紫袈裟一副并师号焉		902 年	钟传
福州雪峰义存	882 年，真觉大师	882 年	908 年	李景温
杭州龙泉院文喜	897 年，无著大师	890 年	900 年	董昌、钱镠
东京封禅寺圆绍	僖宗赐号"法济"	无	895 年	元帅相国王晋公铎
福州玄沙院师备	893—897 年，赐号宗一大师，赐紫		908 年	王审知

撰写《宋高僧转》的赞宁是既被赐号也被赐紫的，其署名便是"宋左街天寿寺通慧大师赐紫沙门赞宁"，所以对于僧史中僧人得赐号、赐紫之事，赞宁是比较注重的。对于这些荣誉，传中诸师或并不太在意，而且像德山、临济、洞山、仰山、曹山、石霜庆诸等著名禅师并无赐号、赐紫之事。但从另一个角度说，禅师能得朝廷赐号、赐紫，其人道德、修行必然有粲然可观者，而且最重要的是，推荐者能不遗余力地加以举荐，则颇能说明其外护佛法之决心。《宋高僧传》记载中荣膺朝廷赐号、赐紫禅僧共 8 人，其中大安、义存、师备都在福州，则我们似可断言，唐朝末年，福建禅宗已经在中国占有一个比较重要的地位，而且

---

① 五代之后晋时期赐紫及师号较滥，如天福五年(940)二月天和节，"道释赐紫衣师号者凡九十二人。"天福六年二月天和节，"道释赐紫衣师号者凡百三十有四"。参见《古今图书集成·神异典二氏部汇考》卷 1。

从僧团规模上看，禅宗的中心似乎已从江西、湖南一带悄然转移至福建福州，福州逐渐成为天下众多禅僧聚集的渊薮，禅法修学、传承的中心之一。

在这一转折中，义存禅师是另一位举足轻重的代表人物，雪峰寺的建成以及庞大的雪峰僧团的形成更是标志性事件。

雪峰义存，俗姓曾，泉州南安人，生于长庆二年（822），家世奉佛，12 岁在莆田玉涧寺跟随庆玄律师作童行，17 岁落发为沙弥，会昌法难中，义存身穿儒服拜谒福州芙蓉寺弘照灵训禅师，两年后再拜灵训为师；28 岁时往幽州宝刹寺受具足戒。其后义存与岩头全豁、钦山文邃为友行脚参访天下禅师，曾九上江西瑞州洞山良价禅师处参学，三到安徽舒州投子大同禅师处问法，最后在德山棒下领旨，这就是后世禅林中著名的雪峰"九上洞山三到投子"的典故，以作为勤苦参禅的典范。宋代宝昙法师曾评论雪峰悟道经历为"闻道艰难，自古一人"①。咸通六年（878），义存在澧州鳌山镇成道。咸通十年，在芙蓉山同门师兄行实的劝告下，义存答允出山，咸通十一年到乾符二年（875）共六年时间，建成雪峰寺。其后义存道法大行于闽中，《宋高僧传》称："存以山而道任，山以存而名出，天下之释子，不计华夏，趋之若召。"其徒众中，显然有来自国外如新罗国的学僧。福州历届行政、军事长官如李景温、韦岫、陈岩、王审知等对义存都礼敬有加，并大量布施钱财等帮助建造雪峰寺下院或田庄等。当时跟随义存参禅的僧众估计在 1500人以上，在全国的影响力也是首屈一指的，《宋高僧传》说："四方之

---

① 【宋】宝昙：《大光明藏》卷 3，续 79 册 718 页中。

僧争趋法席者不可胜算矣，冬夏不减一千五百。"《隆兴佛教编年通论》称赞曰："师居闽川四十余年，法席之盛卓冠天下，常不下一千五百众。"① 通过灯录中的一些信息，我们的确能看到雪峰"法席之盛卓冠天下"的迹象。如曾有僧参赵州——

　　新到僧参。师问："什么处来？"僧云："南方来。"师云："佛法尽在南方，汝来这里作什么？"僧云："佛法岂有南北邪？"师云："饶汝从雪峰、云居来，只是个担板汉。"②

　　赵州说"佛法尽在南方"，又说"饶汝从雪峰、云居来"，将雪峰与道膺禅师的道场—江西云居山并列，则雪峰山与云居山俨然是南方禅法的两大中心，从中不难看出当时雪峰禅法在天下丛林中的声誉。再如：

　　僧问雪峰："古涧寒泉时如何？"峰云："瞪目不见底。""饮者如何？"峰云："不从口入。"赵州闻举，呵呵大笑云："不可从鼻孔入。"僧却问："古涧寒泉时如何？"州云："苦。""饮者如何？"州云："死"。雪峰得闻，乃云："赵州古佛。"③

　　赵州、雪峰二位大禅师一气连枝，千里同风，皆悟壶中消息，共沐

---

① 【宋】祖琇：《隆兴佛教编年通论》卷28，续75册249页下。
② 【宋】道原：《景德传灯录》卷10，大51册277页下。
③ 【宋】颐藏：《古尊宿语录》卷13，续68册76页中。

劫外春光，而能惺惺相惜者也。一僧出得赵州门，便拟踏进雪峰寺，一僧参访完雪峰，便去拜见赵州，又再回来见雪峰。显见在当时禅僧心目中，雪峰禅寺已经成为参访必须要到的地方之一。禅宗语录中，无论是雪峰生前还是后世，多有禅师举学峰语句作"案例教学"者，可见雪峰禅法已经成为当时天下禅师瞩目的焦点。

雪峰义存禅师道眼纯正而全提本宗，涵养浑厚而渊源邃深，智慧深湛而方便多门，再加上天时地利之便，在闽传法四十几年，终于开创出福建禅宗的崭新局面。如北宋元丰年间的福州知州孙觉认为，雪峰回到福建开山传法，所形成的兴盛局面是前所未有的：

（义存）自弃于穷山断岭，巉岩荒绝之处，人迹不至，野兽与游，薙茅为庵，以庇风雨。学者赴之，满于五百，屋瓦鳞比，长林际天，粳稌如云，弥数百里。凡资之以生者，不求而足。盖东南以来，禅林之盛，未之有也。①

"粳"是稻子之一种，"稌"也是一种农作物，与黍子相似，而子实不粘，古代也叫"穄子"，可以作饭。"粳稌如云，弥数百里"，可见当时雪峰僧团农庄的规模。

明代永觉元贤禅师认为雪峰义存禅师在"得人"方面堪与马祖相媲美：

粤自嫩桂肇昌以来，推得人之盛者，莫如马祖，其次则推雪峰。雪峰

---

① 【明】林弘衍编《雪峰义存禅师语录》卷下，续69册91页上。

老人从德山棒下脱却桶底,鳌山店里倾尽家珍,便尔七纵八横、盖天盖地。归闽演法于象骨峰下,不说理性,不事遮遣,但突然而出,凡一言半句,无不超群拔萃,坐断古今,非心意识所到之境,真诸佛之慧命,列祖之骨髓也。其后分灯扬化者,凡四十六人,衍于云门法眼两派,谓非源远而流长者乎?①

"嫩桂肇昌"典出般若多罗尊者给达摩祖师的预言诗句"二株嫩桂久昌昌",据说是预言达摩少林寺面壁之事("两株"为"二木",是一个"林"字,嫩桂暗示"少"字,连在一起则是"少林";"久昌昌"是说达摩东来,禅宗将在中国昌盛。)的确,如元贤所说,在中国禅宗史上,论得法弟子之众多、资质之优秀、影响之广大,首推马祖道一,他入室弟子有 139 人,各为一方宗主,转化无穷,《景德传灯录》中有录者 138 人,后世衍生出临济、沩仰二宗,其次则是雪峰义存,《景德传灯录》中有录者 56 人,有机缘语句者 45 人,后世衍生出云门、法眼二宗。

在雪峰义存众多弟子中,头角峥嵘而杰出者不乏其人,其中很多人都留在了福建。限于篇幅,我们只能选择福州附近的几位著名禅师加以论述。

玄沙师备禅师,在师承关系与感情上,与雪峰亦师亦友,如《景德传灯录》所说,"与雪峰义存本法门昆仲,而亲近若师资。"中和元年(881),师备出世住住梅溪场普应寺,后迁住玄沙,光化初年(898),王审知请师备开山安国院,据《唐福州安国禅院先开山宗一大师碑文》

---

① 【明】元贤:《雪峰语录跋》,道霈前引书卷 14,465 页下。

中说：

光化初，忠懿王戈鋋，策定邦国功成，三教鼎行，一方镜廓。乃飞笺疏，远入烟萝，请师下府，住安国院。……忠懿王瞻瞩仪相，倾泻归依，礼为出世之师，敬作下生之佛。抽二千石之厚禄，减一万钱之常庖，重辟华堂，高施广殿，星攒榱桷，霞烂轩窗，梁横蟠蜺之形，若离尘垒，瓦迭鸳鸯之势，似煮烟霄，星霜未换于流年，毳褐竞臻于丈室，旦夕围绕，七百余众。①

蟠蜺是说师备从玄沙迁住安国院，开始的时候地方比较狭小，王审知舍钱物加以扩建，遂使安国院道场有七百人的规模。

《景德传灯录》则云：

师初受请住梅溪场普应院，中间迁止玄沙山，自是天下丛林海众皆望风而宾之，闽帅王公请演无上乘，待以师礼，学徒余八百，室户不闭。②

其中没有说师备迁住安国院之事，且徒众数目亦增至 800 多人。

孙觉所写《玄沙广录序》中说“玄沙备师，名遍四海，为禅者宗。”《隆兴佛教编年通论》中说“师初住梅溪，后居玄沙，一时天下丛林海众皆望风钦服。”这些都洵非虚语。个中原因，在于师备悟处真实，见道明白，造诣深邃。观师备语录中所述“三句纲宗”，古今禅师鲜有不被笼罩其中者，其所述种种禅病，如只认得昭昭灵灵的，遏捺妄

---

① 智严集《玄沙师备禅师广录》卷 3，续 73 册 25 页下。
② 道原前引书，345 页中。

念的，古今说禅病者，亦罕有如此透骨透髓的，后世大慧宗杲批判默照禅，仍多引用玄沙语句作为证明。《玄沙广录后序》中云：

　　青原传石头，而湖南宗之，南岳传马祖，而江西宗之。石头又普传天皇悟、药山俨等。马祖又普传百丈海、南泉愿，乃至一百三十七人。则自时厥后，江西、湖南之曾玄为枝焉、为派焉，在在所所，说禅浩浩，如百川之争流，如千林之竞秀，其间不能无横流，不能无病枝，而禅宗亦渐临老境矣，是所以禅病之生也。当此时，有玄沙宗一大师者，传德山、石头之秘密法门，洞视禅者之心肝五脏，应病针砭，犹如秦越人饮上池水，视垣一方之人，彻见五脏症结而穷病源，起病者于死地，所以当世如招庆大师，设化于一方，为千众所围绕者也，犹就师请益，则其余者可知。①

　　故从禅法道行及理论成就上看，玄沙师备堪跻身中国最伟大禅师之行列也。

　　鼓山神晏国师（872—945），大梁人，俗姓李，早年出家，参雪峰开悟，后在王审知的支持下出世住鼓山，从此之后，鼓山成为闽中三大刹之一，常有千余僧众，王审知对神晏始终礼重有加，以"国师"称之，常常询问法要。

　　西院大安禅师、雪峰寺义存禅师、卧龙山安国院师备禅师，以及鼓山神晏国师，这四处道场，都在福州附近，聚众少则七八百人，多则1500多人，都是天下闻名的禅宗道场。如云门上堂所说：

---

① 智俨前引书，27上。

汝等诸人,傍家行脚,皆是河南海北来,各各尽有生缘所在,还自知得么? 试出来举看,老汉与汝证明,有么有么? 汝若不知,老汉瞒汝去也。 汝欲得识么,生缘若在向北,北有赵州和尚,五台文殊总在这里;生缘若在向南,南有雪峰、卧龙、西院、鼓山,总在这里。①

其中所谓"生缘",是指寻找到适合自己的开悟导师与道场。 云门出世时,大安、雪峰、玄沙早已去世,不过如云门所说,福州这四处禅宗道场仍旧是天下闻名的。

另外,当时福州比较著名的禅师还有长庆院(西院)慧稜、长生山皎然、安国弘瑫、安国慧球禅师。

长生山皎然禅师。 皎然在雪峰门下十年,后受记在福州长生山开山弘法。 不过在灯录中皎然的化缘似乎不太好。 如《景德传灯录》曾记载如下一则公案:

(皎然)问:"如何是西来意?"师曰:"还见庭前杉槲否?"曰:"恁么,即和尚今日因学人致得是非。"师曰:"多口座主。"皎然去后,师知是雪峰禅客,乃曰:"盗法之人,终不成器。"②

文中的"师"是本仁禅师,为洞山弟子,天复年中(901—904)住高安白水院,聚众三百余人。 算起来,本仁是皎然的师叔辈,而且从时间上推算,这个时候皎然已在雪峰参学多年,已受开悟之印证,那么他

① 【宋】守坚集《云门匡真禅师广录》卷1,大47册549页中。
② 道原前引书卷17,339页下。

到高安白水院来，不如实向本仁请教，而是问"如何是西来意"，便多少有些不够尊重本仁的意思。因为皎然非本仁前辈或同辈，而且大家师承也不同，怎么也轮不到皎然来考问本仁的悟境；作为后辈学僧，既然已经在雪峰处受记，到本仁这里既不老老实实地以本分相见以便请益，而且在本仁回答后，马上以一句"和尚今日因学人致得是非"，向本仁表明自己已经开悟，便多少有些游戏、逞能的意味。所以本仁斥之为"多口座主"，又说其"盗法"，且预言其必不能"成器"。

其后玄沙师备对皎然也有类似的预言：

皎然后住长生山。有僧问："从上宗乘，如何举唱？"然曰："不可为阇梨一人荒却长生山也。"玄沙闻之曰："然师兄佛法即大行，受记之缘亦就矣。"厥后众缘不备，果如（本）仁和尚所记。①

玄沙对于皎然的答语不满意，认为他自己开悟没问题，但给人受记之缘——亦即开山传法之事就算了吧。其后果然，因为众缘不具，皎然的长生山道场一直非常冷清。《雪峰语录》中有这样一件事情：

长生和尚一日入山礼拜师。师问："汝住持不易，有牛具么？"生云："无。"后辞师出山，师与劝使粮食相送，至门首，生便行，师召云："长生！"生回首，师云："洞山道底，洞山道底。"生应"喏喏"，便行去。②

---

① 同上书。
② 林弘衍前引书卷 2，83 页上。

皎然主持长生山，没有"牛具"，雪峰送粮食给他，他也不要。牛具或粮食可能便是不具的"众缘"之一。王审知曾赐其号为"禅主大师"，最后不知所终。

弘瑫禅师，泉州人，俗姓陈。雪峰"观其少俊，堪为法器，乃导以本心，信入过量，复遍参禅苑，获诸方三昧，却回雪峰。"① 弘瑫与云门同学，得雪峰印证，先是受请住困山，"毳徒臻集"，"后闽帅向师道德，命居安国寺，大阐玄风，徒余八百矣。"

此处的"安国寺"即是玄沙卧龙山安国院道场。908 年底，玄沙去世，遗命慧球继任主持。慧球也是泉州人，在玄沙会中"参讯居首"，位居首座。至于慧球接任安国院主持之事，《景德传灯录》云：

> 梁开平二年，玄沙将示灭，闽帅王氏遣子至问疾，仍请密示继踵说法者谁乎，玄沙曰："球子得。"王氏默记遗旨，乃问鼓山国师曰："卧龙法席，孰当其任？"鼓山举城下宿德具道眼者十有二人，皆堪出世，王氏亦默之。至开堂日，官寮与僧侣俱会法筵，王氏忽问众曰，"谁是球上座？"于是众人指出师，王氏便请升座。②

慧球去世比较早，在梁乾化三年（913）八月无疾而终，亦即慧球主持安国禅院仅五年。弘瑫禅师继任安国院主持，时间当在 913 年八月之后。弘瑫去世后，继任安国禅院的是他的弟子从贵禅师。

另外雪峰弟子在福州出世者还有：大普山玄通；莲华山永福院从

---

① 道原前引书卷 19，353 页中。
② 同上书卷 21，372 页上。

弇，他曾得赐号"超证大师"；仙宗院行瑫，赐号"仁慧大师"，"声闻四远，闽帅请转法轮，玄徒奔至"；南禅寺契璠；古田极乐寺元俨；芙蓉山如体，这是雪峰受业祖庭所在地；在福建五州之内，雪峰出世弟子中，较有影响的是漳州保福院从展禅师。

从展是福州人，俗姓陈，15岁在雪峰寺出家，礼义存为受业师。雪峰印证开悟后，梁贞明四年（918），漳州刺史王公创建保福禅苑，迎请从展居住，"开堂日，王公礼跪三请，躬自扶掖升堂。"不过从展和慧球一样，出世弘法的时间都不长，后唐天成三年（928）三月去世，主持保福寺的时间还不满一纪，寺中学众常不下七百，"闽帅礼重，为奏命服"，影响在当时是比较大的。

玄沙师备弟子在福州出世者有：仙宗院契符；升山白龙院道希；螺峰冲奥，赐号"明法大师"；莲华山永兴寺神禄等。其中有一位名叫契如的禅僧，其事迹颇为奇特。他在玄沙处开悟后，玄沙告诉他说，"子禅已逸格，则他后要一人侍立也无。"契如从此"不务聚徒、不畜童侍，隐于小界山，剜大朽杉若小庵，但容身而已。"后来有两个人专门到深山中来寻访——

清豁、冲煦二长老向师名，未尝会遇，一旦同访之，值师采粟。豁问曰："道者如庵主在何所？"师曰："从什么处？"曰："山下来。"师曰："因什么得到这里？"曰："这里是什么处所？"师揖曰："去那下吃茶去。"二公方省是师，遂诣庵所，颇味高论，晤坐于左右，不觉及夜，睹豻虎奔至庵前，自然驯扰。豁因有诗曰：

行不等闲行，谁知去住情。一餐犹未饱，万户勿聊生。

非道应难伏,空拳莫与争。龙吟云起处,闲啸两三声。

二公寻于大章山创庵请师居之,两处孤坐,垂五十二载而卒。①

清豁、冲煦都是福州人,在鼓山神晏国师处剃度,清豁后来嗣法泉州睡龙山道溥禅师,在漳州保福院出世传法:

初谒大章山契如庵主,后参睡龙。睡龙一日问曰:"豁阇梨,见何尊宿来,还悟也未?"曰:"清豁尝访大章,得个信处。"睡龙于是上堂,集大众召曰:"请豁阇梨出,对众烧香说悟处,老僧与汝证明。"师乃拈香曰:"香已拈,悟即不悟。"睡龙大悦而许之。②

至于冲煦,他参访契如的时候年龄还很小,其后他在江西南昌丰城出世说法时年仅 24 岁,"道声藉藉,时称小长老。周显德中(954—959),江南国主延住光睦,久之移庐山开先,后居净德,并聚徒说法,开宝八年(975)圆寂。"③冲煦嗣法神晏。

与契如事迹相类似的还有上文曾经说到过的雪峰弟子孚上座,其见处甚至高于神晏国师,开悟后亦不出世。孚上座和契如的禅悟水准是非常高的,他们可代表雪峰、玄沙弟子中没有出世坐大道场的"在野"一派,而与其他诸多著名出世禅师共同构成了一幅灿若群星的福建禅宗高僧图谱。

_____

① 【明】明河:《补续高僧传》卷 6,续 77 册 408 页上。

② 道原前引书卷 22,384 页上。

③ 明河前引书。

　　总之，唐末五代的五六十年间，以福州为核心，福建禅宗的发展达到了一个空前绝后的鼎盛时期，一时间，禅师辈出，禅僧云集，道场林立，王侯拜服，俨然成为了中国的禅修中心。

　　在这种情形下，出生、出家、受戒都在吴越之地的文益到福州来参访禅道，也就是一件顺理成章的事情了。

第二章
文益禅师在福建的悟道机缘

第一节　文益入闽之前的活动

公元 885 年，文益出生杭州一鲁姓人家。其时唐王朝大半州郡陷入战乱，天下糜烂。 881 年，黄巢攻入长安，僖宗被迫西迁入蜀。 884 年，李克用追斩黄巢。 但黄巢虽平，秦宗权势力复炽，残暴又过于黄巢，"所至屠剪焚荡，殆无孑遗，" "北至卫滑，西及关辅，东尽青齐，南出江淮，州镇存者仅保一城，极目千里，无复烟火。"①884 年，浙江东部发生严重饥疫。 这场饥疫当对文益一家有所影响。

---

① 【宋】司马光等撰《资治通鉴》卷 256。

自文益出生到他青少年时期，江浙一带的局势算是相对比较安定的。黄巢起义后，先有董昌以杭州八县为根据地，各县抽调千人组成所谓"杭州八都"抗击黄巢，黄巢因而不能进入杭州一带。等到杨行密据江淮四出攻伐之际，"淮海烟尘数千里"，又因钱镠防御得力，杭州附近并未遭遇大的战乱，只是经常发生一些内斗，如乾宁四年钱镠攻越州董昌之战，天复年间，钱镠在杭州平复许再思叛乱之战等，对于民生的破坏并不是很大。文益少年时期的生活环境大致如此。

文益"七岁依新定智通院全伟禅师落发"。是年为公元 892 年。新定为郡治，辖今杭州周边包括现今的建德市、淳安县和桐庐县等部分地区。传说严子陵曾在此地区之富春山躬耕钓鱼，所以一开始被定名为"严陵郡"，晋太康元年平定吴地后改为"新安郡"，隋仁寿三年设置为"睦州郡"，以"睦"命郡，取"俗阜人和，内外辑睦"之义；唐玄宗天宝元年，改睦州为"新定郡"，不过仍存用睦州之名。①

新定郡是净土宗三祖少康（？—805）化人念佛之地。《宋高僧传》云：

（少康）南至江陵果愿寺遇一法师，谓康曰："汝欲化人，径往新定，缘在于彼。"言讫不见，止有香光望西而去。洎到睦郡，入城乞食得钱，诱掖小儿能念阿弥陀佛，一声即付一钱，后经月余，孩孺蚁慕念佛，多者即给钱，如是一年，凡男女见康则云"阿弥陀佛"。遂于乌龙山建净土道场。②

---

① 《旧唐书》："睦州，隋遂安郡。武德四年（621）平汪华，改为睦州。……天宝元年（742）改为新定郡。乾元元年（758）复为睦州。"天宝之后属县有六：建德、清溪、寿昌、桐庐、分水、遂安。其中"遂安"在后汉时称"新定"。
② 赞宁前引书卷25，大50册867页中。

果愿寺法师让少康到新定去，结果他来到睦州郡，可见从天宝年间到宋初，新定郡与睦州郡一直是并称的。直到北宋末年平定江南方腊之乱后才改名为“严州”，故《乐邦文类》在叙及少康前往新定时即加一注解云，“新定今严州也”。少康逝后，即在新定台子岩建塔，后来文益弟子德韶曾重新加以修葺。文益在此出家并生活了十余年，新定城内的少康塔当是其经常礼拜、游玩之地。

睦州还与一位著名禅师有缘，他便是陈尊宿(792? —895?)，法名道踪，临济义玄和云门文偃二人之悟道，都与他有关，“指临济参黄蘗，接云门嗣雪峰，皆师之力也”。[①] 道踪是睦州人，先在本郡开元寺出家，参黄檗禅师开悟，后来回到睦州，为了养母而编织草鞋。至于其居住在睦州哪座寺庙，灯录中的说法不尽相同。《景德传灯录》云：

陈尊宿初居睦州龙兴寺晦迹藏用，常制草屦密置于道上，岁久人知，乃有“陈蒲鞋”之号焉。时有学人叩激，随问遽答，词语峻崄，既非循辙，故浅机之流往往嗤之，唯玄学性敏者钦伏，由是诸方归慕，谓之“陈尊宿”。[②]

是说陈尊宿居住在睦州龙兴寺。至于其接引文偃之故事，惠洪《禅林僧宝传》记载：

初至睦州，闻有老宿饱参，古寺掩门，织蒲屦养母，往谒之。方扣门，老宿揕之曰。“道！道!”偃惊不暇答，乃推出曰：“秦时镀铄钻。”随掩其

① 【宋】悟明集《联灯会要》卷8，续79册78页下。

② 道原前引书，卷12，291页上。

扉，损偃右足，老宿名道踪，嗣黄檗断际禅师，住高安米山寺，以母老东归，丛林号"陈尊宿"。①

此则谓道踪先住高安米山寺，因为母老无人养护而回归故里，不过没有说他居住在哪座寺庙。南宋宁宗嘉定年间编撰成书的《大光明藏》则认为，道踪先是"以母老东归，鬻草屦以给侍。"可能在母亲去世后，才居住在龙兴寺的。《五灯会元》则说他居住在出家之地——开元寺内编织草鞋以养母，并有以草鞋退却黄巢军队的神奇事迹：

后归开元（今改兜率），居房织蒲鞋以养母，故有陈蒲鞋之号。巢寇入境，师标大草屦于城门，巢欲弃之，竭力不能举，叹曰："睦州有大圣人。"舍城而去，遂免扰攘。②

今按《资治通鉴》，黄巢军队在广明元年的确侵入睦州境内，但并不像上述传说因为道踪的草鞋而退兵，而是占领了睦州。③ 则上述故事之真伪，不易辨别也。

道踪在唐昭宗乾宁元年（894）推荐文偃去见雪峰，时年文益九岁。道踪可能在次年（895）辞世。文益年龄尚幼，不太可能与道踪有所交往。

在现代人看来，文益七岁出家，多少是一个令人感到惊异的年龄。

① 【宋】惠洪：《禅林僧宝传》卷2，续79册494页中。
② 【宋】普济：《五灯会元》卷4，续80册100页下。
③ 《资治通鉴》：广明元年（880），"黄巢别将陷睦州、婺州。"

但在唐代，幼年出家是一种比较常见的现象，例如文偃少小出家，灵祐"丱年"、"以椎髻短褐"到寺庙执劳役，"丱"是古时候儿童束发成两角的模样；法常"稚岁"在玉泉寺出家，良价"少孺从师于五泄山寺"，庆诸十三岁"礼绍銮禅翁为师"，义存九岁请求出家，十二岁在蒲田玉润寺拜庆玄律师为童侍，文喜七岁出家，桂琛也是"甫作童儿，笃求远俗。"……盖唐时出家为僧是一种"高尚事业"，如契嵩所说：

其防身有戒，摄心有定，辨明有慧，……有威可敬，有仪可则，天人望而俨然，能福于世，能导于俗。……僧乎其为人至，其为心溥，其为德备，其为道大，其为贤，非世之所谓贤也，其为圣，非世之所谓圣也，出世殊胜之贤圣也。僧也如此，可不尊乎？①

此为当时社会之共识；而且出家须经严格考试，僧籍度牒并非易得，故僧人社会地位、身份都很崇高，所谓"重教尊僧，贵尚其法"。

文益七岁在新定智通院落发出家为沙弥，好像一下子跳过了"童行"阶段。日本学者高雄义坚《宋代佛教史研究》中云：

童行或行者的起源还不明确，但唐代寺院中有很多童行制设立的实例。而在国家的法制上将之认可，设立有关童行的种种规定是宋代才开始的。②

① 【宋】契嵩：《镡津文集》卷2，大52册658页上。
② 高雄义坚著，陈季菁译：《宋代佛教史研究》第32页，台湾华宇出版社1987年版。

高雄义坚认为，在唐玄宗开元 22 年的《户婚律》及其疏议中，还没有设置出家和剃度的法制，只是严戒私度出家。宋代开始将童行和沙弥作明显区别。不过唐代寺院中另有不少设置童行的实例。

文益七岁"落发"，从形式上说是直接出家为"沙弥"而非"行者"，因为据日本无著道忠《禅林象器笺》中考证，在中国，剃发者只限于僧及沙弥，行者则不剃发。故文益"落发"即是出家为沙弥。所以笔者认为他好像直接跳过了"童行"阶段。

按古代出家制度，寺庙对于外来发心出家的人，恐怕其立志有诈伪，所以先让发心者住在寺庙中，先授与三皈依及五戒，随众作务，待得行业无亏，再等待机会得度为沙弥，此一阶段称为"童行"。尤其是年龄幼小者，心志未定，尤须先做"童行"。另按照宋宗赜《禅苑清规》的"训童行"规定，童行首先向寺庙提出《申请书》，住持和尚先口头审问来确认其出家的动机。如果是为了衣食生计或逃避徭役而入寺，或缺乏父母承诺的情况下，则不予以批准进入。童行入院之后，行为举止应随时检点，不能违犯寺院规制。

前文已说过，这些制度在宋代才有规定，唐代尚不明确。但在唐代，一个人想要出家，还是需要经过考验、考试，或者通过其他机缘，核准后才取得国家祠部颁发的度牒，方始能成为沙弥，再受具足戒为比丘。这是唐玄宗天宝六年之后的制度。按照佛制戒律，七岁也是出家为沙弥的最低年龄。因为僧律中规定，年七岁如果知道好恶，可以出家，过了七十岁，如果生活不能完全自理，则不能允许出家。一个人如果发心出家，寺僧首先要告诉他出家生活是很艰苦的，所谓"一食、一住、一眠"，如非时不食，平常要跏趺打坐，晚上三更就要起来用功等等，不过吃苦是出世之乐因云云。 发心者听了欣喜，则表明有信心，如果听了忧虑默然，那就要慎重考虑其出家动机了。

说起"度牒"的来历，先是武则天在延载元年规定天下僧尼隶属祠部管理；到了唐玄宗开元十七年，始创"供帐"制度，三年统计一次僧道人数，天宝六年，进一步规定，国家所度僧尼，由祠部发给度牒。① 度牒上书写有僧人法名、师名、本籍、所属寺院等，僧人据此可以游方挂单，并免除国家的赋税、劳役等。 肃宗至德元年，因为军费紧张，度牒成为一种"有价证券"，赐给功臣②，可以买卖，价格大概在一纸"百缗"③，宋代度牒发行价格，少则 120 贯，多则 300、500 贯。 武则天延载元年以前出家还是比较自由的，只要"行业堪任受道"，有出家师父认为可以摄受，上报政府批准即可出家。 如武则天久视年中，普寂跟随神秀在荆州玉泉寺待了六年，"神秀尽以其道授焉"，而后仍须等待机会，"则天召神秀至东都，神秀因荐普寂，乃度为僧。" ④到了后来，出家僧众素质有些良莠不齐，国家才不得不以祠部度牒之法加以

---

① 按《佛祖统纪》记载："(天宝)六载，勅天下僧尼属两街功德使，始令祠部给牒用绫素，勅天下寺院，择真行童子，每郡度三人。"参见【宋】志磐：《佛祖统纪》卷 40，大 49 册 375 页下。

② 按《佛祖统纪》记载："肃宗至德元载，帝在灵武，以军需不足，宰相裴冕请鬻僧道度牒，谓之香水钱。"当时的价格大概是"纳钱百缗"即可获得僧籍度牒。 出处同上。 神会在洛阳曾筑坛主持此事，所获财帛支应军费，郭子仪收复长安、洛阳后，感谢神会的支持，为其造菏泽寺。 赞宁对此持严厉的批评态度，认为"虽是权宜之制，终招负处之殃"，后多有效尤者，如唐穆宗长庆四年，徐州王智兴"奏置戒坛于临淮佛寺。先纳钱后与度，至有输贿后不受法者多矣，李德佑在润州，具奏其事云。自唐末已来，诸侯角立，稍阙军须，则召度僧尼道士先纳财，谓之香水钱，后给公牒云。"据说王智兴因此赚了几十万缗。参见【宋】赞宁：《大宋僧史略》卷 3，大 54 册 252 页中。

③ 一千文钱为一缗或一贯。

④ 《旧唐书》卷 191，第 3476 页，中华书局 2000 年版。

限制。①

所以如果说文益"七岁落发",算是正式出家为沙弥,那是需要一张度牒的。没有度牒,便不算是正式僧人。要得到度牒,一般来说,先要通过寺庙的考验,再等待机会,或国家"特诏疏恩"下达部分度僧名额,或经过考试②,或者有缘、有钱购买到度牒。私度僧尼仍是一项严格禁止的国家政策③,文益以七岁孩童而能正式出家为沙弥,其间或有特殊因缘,惜乎史册未载。文益出家时的特殊情况是,其时四海扰攘,干戈不息,中央政府的法令不得行于四方,或许因此僧人出家取得度牒可能要相对容易些。

文益七岁离俗,入新定智通院为沙弥,禀受十戒。十戒分别是:不杀、不盗、不淫、不妄语、不饮酒、不着香华鬘不香涂身、不歌舞倡妓不往观听、不坐高广大床、不非时食、不捉持生像金银宝物。童行受五戒,沙弥受十戒,比丘受二百五十戒,这是不能躐等的。

《十诵律》中有"沙弥法",从中我们可以窥见文益当年的沙弥生活情境之一二:

---

① 按《旧唐书》,玄宗开元二年春,关中已半年天旱,人多饥乏,"姚崇上言请检责天下僧尼,以伪滥还俗者二万余人。"

② 按《释氏通鉴》:"(中宗)神龙二年(706),八月诏天下试童行经义,挑通无滞者度之为僧,试经度僧从此而始。"参见【宋】本觉编集《释氏通鉴》卷8,续76册93页下。后唐清泰二年(935),曾实行分科考试,如讲论科、讲经科、表目科、文章应制科、特念科、禅刹声赞科等。

③ 如唐文宗大和二年,"江西观察使沈传师奏皇帝诞月请于洪州起方等戒坛度僧资福,制答曰:不度僧尼,累有敕命,传师忝为方面,违禁申请,宜罚俸料一月。"唐宣宗在会昌法难后鼎力支持佛教的复兴,仍严禁私度僧尼,"(大中)六年十二月,中书门下奏:度僧不精,或法隳坏,造寺无节,损废过多,请自今诸州,准元勅许置寺,外有胜地灵迹许修复,繁会之县,许置一寺,岁禁私度僧尼,有阙则择人补之,仍申祠部给牒。"后梁龙德元年,"勅天下毋得私度僧尼。愿出家者。入京城比试经业。"

沙弥不应轻慢和上，有所作事，皆应白和上。行时当随从和上后，常供给一切所须，随顺和上意，不得有违逆。若有所作，不白和上，不得作，除礼佛法僧。用齿木大小便。

沙弥住和上边，知不能增长善法，应白和上，持我付嘱某甲比丘，和上应筹量：是比丘教化法何似，弟子众复何如。若知是比丘具足善法，当付嘱；若知不具足，当更付嘱余比丘。若和上不好，应舍去。

应令取草树叶、取果齿木，除僧坊中草，洒扫，授饮食汤药。是名沙弥法。①

"和上"为律宗习语，一般称为"和尚"，其实是于阗等处传入中国时的讹音。其梵文是"Upādhyāya"，音译为"坞波陀耶"，"坞波"是"近"的意思，"陀耶"是"读"的意思，亦即说尊师为弟子亲近而习读，故中土曾翻译为"近诵"——弟子年少，不离于师，亲近受经而背诵，因为古代经典传授主要靠背诵；或者译为"依学"——依附此人学道，或者"力生"——弟子道力，假教生成。谁知都不如讹音"和尚"能为大家普遍接受，连"和上"都不用了。我们从这个词中可以看到"和上"对于弟子应负的教育责任，要教导其成长善法；沙弥则应尊重和上，并力所能及地操持寺院中的一些杂务。沙弥亦应自己选择老师，如果自己觉得跟随"和上"长进不大，则可以提出要求，去跟随、亲近某某学习。

按沙弥又有三个级别，7 岁至 13 岁叫"驱乌沙弥"，因为年龄小，

---

① 【后秦】弗若多罗译：《十诵律》，大 23 册 422 页上。

只能干些驱遣乌鸟以守护谷麦场、食厨、禅堂的工作。14 岁到 19 岁叫"应法沙弥",可以服侍师父,执劳服役,也能修习禅诵。如果因为出家晚或其他种种原因,年过二十仍不能受具足戒,那无论年岁多大,都叫"名字沙弥"。

文益"弱龄禀具于越州开元寺"。《礼记曲礼上》云:"二十曰弱,冠。"也就是说,文益二十岁受"具足戒",正式成为比丘。文益七岁出家,直到二十岁才受"具足戒",与佛制戒律有关,因为这是受具足戒所要求的最低年龄。据说佛在罗阅城迦兰陀竹园时,城中有十七群童子,与僧团颇为亲近,其中最大者 17 岁,小的只有 12 岁。他们自愿出家学道,马上就受具足戒,因为日中一食,半夜里都饿哭了。佛知道后即规定:"不应授年未满二十者大戒。"原因是:

若年未满二十者,不堪忍寒热饥渴暴风蚊虻毒虫,及不忍恶言,若身有种种苦痛,不能堪忍,又复不堪持戒,不堪一食。阿难当知,年满二十者,堪忍如上众事。①

文益 20 岁受具足戒而成为正式比丘,其原因在此。

文益受具足戒之地——越州开元寺,初创于南朝梁代,到了唐代成为一座著名的律宗道场。这与律宗高僧昙一有关。唐玄宗开元二十六年(739),昙一来到越州开元寺,至代宗大历六年(771)灭度期间,一直在此弘扬"南山律"即《四分律》,《佛祖历代通载》云:

---

① 【清】德基辑录《毗尼关要》卷 13,续 40 册 598 页中。

（昙一）谓人曰："三世佛法，戒为根本，本之不修，道远乎哉。"故设教以尸罗为主。取邺郡律疏合终南事钞，括其同异，详发正义，学徒赖焉。大凡北际河朔、南越荆闽，四分之宗自我而盛。①

昙一游学长安时即已"名动京师"，梁肃所撰碑铭中说昙一"得三藏之隐赜，究诸宗之源底，加以素解玄儒、旁总历纬，长老闻风而悦服，公卿下榻以宾礼。"②他到越州开元寺后，华严宗四祖澄观、天台宗九祖荆溪湛然，年轻时都曾在越州开元寺依昙一学习四分律③；一代名相宋璟亦"以佛法师于昙一"。可见当时昙一之影响力。

大概是从昙一之后，越州开元寺成为著名的律宗道场，尤以四分律的研究驰名天下，越州法华寺还有一位玄俨律师，也是"偏以四分开导"，在二人倡导下，"会稽风土，律范渊府"。其后越州开元寺的著名律宗高僧有昙休、丹甫等人。昙休把已有四百年的开元寺重新修葺了一番，几乎等于重修，还把同郡永欣寺"康僧会"的著名遗蜕搬到了开元寺，《高僧传》说他"四分律相部疏宗蔚成渊府，初机请学，皆到甚深"，也是一位深研四分律的大师；丹甫则在昙一、玄俨百年之后"声尘愈起，迈于前烈。"这样，唐代越州开元寺的历代律宗高僧所弘扬者都是四分律。因此，文益到开元寺受具足戒，学习的无疑是四分律。之后他前往明州（今宁波）鄮山育王寺预听希觉律师（864—948）

① 【宋】祖琇：《隆兴佛教编年通论》卷18，续75册196页下。
② 同上。
③ 《宋高僧传》："释澄观，姓夏侯氏，越州山阴人也。……本州依昙一隶南山律。"《宋高僧传》："释湛然，天宝初年，解逢披而登僧籍，遂往越州昙一律师法集。"按照一般规制，他们依止昙一的时间应当在五年以上。

法席，学习的仍是四分律，因为希觉正是一位四分律的大家，曾撰有《行事钞增晖记》二十卷。

希觉，《宋高僧传》有传，俗姓商，家世晋陵（江苏常州），生于溧阳（今常州溧阳），"家系儒墨"，本是较为有名的书香门第、学问世家，因战乱入浙江而致贫，不得已入罗隐(833—909)家抄书为业。《宋高僧传》云："自尔贫窭，尝佣书于给事中罗隐家"，其实并不确切。因为罗隐在887年才从隐居的华山归来依附吴越王钱镠，后任给事中；888年，25岁的希觉出家于温州开元寺。希觉为罗隐抄书应是罗隐隐居华山之前的事情。罗隐也很欣赏希觉，对其有所扶助、鼓励，希觉后来著《拟江东谗书》五卷，可见罗隐对其影响之大，因为《谗书》正是罗隐的著作。希觉出家后，跟随西明寺慧则律师（835—908）学习，后著有《行事钞增晖录》20卷，"浙之东西盛行斯录。"除律学外，希觉对于《易经》的研究也很深入，著有《会释记》20卷，"解易至上下系及末文甚备，常为人敷演此经"。后来希觉将此书送给了赞宁。

文益跟随学习的希觉，就是这样一位导师：律学为其主业，儒家经典如《易经》等也很通达，而且擅长诗文写作，文笔极佳。① 后来文益以擅长偈颂、"好为文笔"驰名丛林，所做"偈颂"等"凡数万言，学者缮写，传布天下"，可以说是其来有自的；从个人品性上说，赞宁赞扬希觉"勤于讲训，切于进修，学则弥老而不休，官则奉身而知退，可谓高尚其事，名节俱全，长者之风，蔼然如在。"这些都对文益的人格成

---

① 蒋义斌教授认为，文益的外典训练来自希觉，因为希觉本人除了"擅长佛教戒律外，又'外学偏多'……法眼文益七岁即落发，他的'外典'训练应来自于希觉。"蒋义斌：《法眼文益的禅教思想》，《中华佛学学报》第13期第433页。《宋高僧传》说希觉另有《杂诗赋》15卷，注林鼎《金陵怀古百韵诗》杂体四十章。又说他退院后"唯啸傲山房，以吟咏为乐。"

长有着巨大的影响。

文益学律所在地鄞山育王寺，历史上以佛舍利塔闻名，堪与扶风岐山法门寺的佛指舍利塔齐名，据说也是佛灭后百年阿育王所建八万四千舍利宝塔、在中国境内所建的十九座舍利宝塔之一。晋武帝时，刘萨诃（出家后名叫惠达）周游全国，礼拜各处舍利塔，曾来到鄞山，"至鄞县乌石山，闻钟声，斸土求之，得舍利宝塔，飞至一山，乃即其地建刹奉塔"，育王寺的舍利殿就在该处。到了梁武帝时期，开始"勅造木浮图、堂殿房廊，赐额阿育王寺"。此为鄞山育王寺之来历。唐肃宗时，内供奉子璘的母亲故去，岳神令子璘往鄞山礼拜佛舍利塔，说如此可免其母之罪。子璘来到育王寺，礼拜了四万次，其母忽然在塔前现身，说，"吾承汝力，已生忉利"。唐宣宗时，道俗八千人在育王寺供舍利塔，感得天花乱坠、舍利塔大放五色光明。到了唐懿宗时，观察使杨严上奏说，鄞山育王寺的舍利宝塔极其灵异。懿宗因此勅度了三十七位僧人来奉持育王寺的香火。这些故事的发生年代离着文益到育王寺学律的时间都很近，文益对此自然非常熟悉，而且估计他也会经常礼拜佛舍利塔。

另天台宗学人认为，文益在鄞山修学期间，曾学习过天台教观：

昔鄞峰未更为禅刹，大洪天台教观，清凉大法眼禅师亦禀教于中，时宝云通公盖尝预讲，其四明、慈云皆为听众，其说见于鄞峰古碣，所谓玉几峰者，今阿育王山是也。①

---

① 【宋】宗晓：《四明尊者教行录》卷7，大46册932页中。

　　此段记载见于《宝云尊者斋忌疏》，作者义铦为南宋绍熙时人。 义铦说"鄮峰"在没有改为禅宗道场之前曾弘传天台教观。 其中所谓"宝云通公"是台宗北宋时期的名僧义通，四明知礼、慈云遵式的老师。 义通是高丽人（义铦误写成了日本人），后晋天福年间来到中国，随螺溪義寂（919—987）学习天台学，后来得到吴越钱公惟的支持，漕使顾承徽又舍宅为寺，得赐额"宝云"，义通为明州宝云院第一世，吴越国王钱俶对他非常尊崇，曾赠诗云："海角复天涯，形分道不赊。 灯青读圆觉，香暖顶袈裟。 戒比珠无类，心犹镜断瑕。 平生赖慈眼，南望一咨嗟。"北宋太宗端拱元年（988）十月在宝云院入灭，寿 62 岁。 荼毘后，弟子们收集灵骨在"育王山之阳寺西北隅"建塔供养。 义铦说"鄮峰"上曾有一处"古碣"，里面提到义通在此地讲授天台学的情形。 至于其所谓文益在鄮峰学习天台教观之说是否也见之于"古碣"，则有些语焉不详。

　　义通的师父義寂曾寓居四明育王寺。 后晋天福二年（937），20 岁左右的義寂受具足戒后，来到会稽学律，且"深达持犯"，这些经历与文益相类似。 不过義寂的兴趣是在天台，大概五年后，他到天台山跟随竦法师学止观，颇有成就，然后——

　　尝寓四明育王寺，梦登国清，上方有宝幢座，题曰文殊台，栏楯外隔，欲入不可，俄见观音从堂而出，手却行马（即叉栏也亦名拒马）低回相接，忽觉自身与观音体合为一，自是之后乐说无尽。①

————————————

① 【宋】志磐：《佛祖统纪》卷 8，大 49 册 190 页下。

这是文益离开四明几十年之后的事情。 羲寂来到阿育王寺的目的应与学习、弘传天台教观相关，或者其时阿育王寺已从一处著名的律宗道场转变成为以传扬天台学为主的寺庙了。[①] 不过在此之前，亦即文益在此学习时，鄮山育王寺应该还是一处著名的律宗寺庙。 也有可能育王寺天台、律法兼弘。

文益在希觉门下大概待了五年左右，《宋高僧传》说他"甚得持犯之趣，又游文雅之场"，《景德传灯录》则说"究其微旨，复傍探儒典，游文雅之场"，可见文益在希觉的教导下，四分律持守甚严，且颇有自己的心得，同时研究儒家经典，词赋文章写得也不错。 希觉本人的学问非常好，对于这样一个弟子，自然爱赏有加，故称之为"我门之游夏"，盖在孔子门下，子游、子夏就是以文章著称的。 这个评价还是很高的，如果不出意外，文益也将会成为一代律宗高僧。

但文益志不在此。 几年之后，他便来到福州长庆道场参禅了。 至于文益离开希觉，亦即其弃律学禅的理由，灯录禅史的记载皆语焉不详，《高僧传》云"寻则玄机一发，杂务俱损，振锡南游"，大多数灯录相关语句与此相仿。 "玄机一发"似是说文益对于禅门证悟之说产生了兴趣，"杂务俱损"则可能认为严格持守戒律并不能达到真正解脱，所以是一种"杂务"，例如药山惟俨禅师学律多年后认为不能"屑屑事细行于布巾"，遂去参访石头；云居道膺禅师受具足戒后，师父让他"习声闻律仪"，道膺说，"大丈夫可为桎梏所拘邪？"因而云游问道。文益弃律学禅，其理由或许与惟俨、道膺相仿。

————————

① 还有一种可能是，阿育王寺同时弘传律学与天台教观。如果是这种情况，在四明期间，文益是有可能学习天台学的。不过这只是一种猜测，没有任何的文献依据。

第二节　文益在长庆门下的参访

公元 909 年前后，亦即大唐王朝灭亡后的第三年，梁朝开平三年，文益来到福建福州，入福州西院，跟随慧稜禅师参禅。 这一年，文益 25 岁左右。

之所以界定此年前后文益入闽，主要根据有以下几个方面的原因：

（1）王审知在此年礼请慧稜禅师居住福州西院，并奏额曰"长庆"。 这是长庆禅院命名之始。

按《佛祖纲目》载："开平三年，闽王王审知移住福州长庆。"《宗统编年》亦云是年"招庆慧稜移居长庆。"二书虽然晚出，但这一年代的界定是可信的。 盖在三年前，亦即天祐三年（906），慧稜受泉州刺史王延彬（886－930）[①]邀请，住持泉州招庆。 三年后，受王审知邀请移住长庆院，从时间上看，较为合理。

（2）文益在《宗门十规论自叙》中说，"文益幼脱繁笼，长闻法要，历参知识，垂三十年。"如果按文益住抚州崇寿寺开法算作参学结束的话，则参访知识"垂三十年"，也就是接近三十年，文益开堂当在五十多岁，这样算起来，大概是在二十五岁前后出来参访的。

（3）按照戒律，出家受具足戒之比丘，"五夏以前专精戒律，五夏以后方乃听教、参禅"，其间乃至一夜不得离师而住。 如果是未受具足

---

① 王延彬为审知之弟审邽之子，主持泉州军政 16 年，公元 920 年在泉州得到白鹿紫芝，沙门浩源蛊惑之为"王者之符"，延彬遂派人秘密北上向后梁输诚，求为泉州节度使，结果被审知废黜。

戒的沙弥，则终身依止师父。文益20岁（904）受具足戒，此后坐一年夏谓之一腊，故《宋高僧传》说他"俗年七十四，腊五十五"，至今年（909）恰好学律、坐夏五年，可以外出行脚参禅了。"坐夏"为佛制戒律之一，要求比丘减少杂务，在夏季集中时间精进修持，特别是要在戒律上下功夫，时间是从四月十六日起，到七月十五日结束，这就叫一"腊"或一"夏"。之所以要坐五夏，是因为受戒行持五年，戒品相对坚牢，不易出现问题，就好像树木培植五载，相对粗壮，就不怕霜雪冰雹一样。所以专精学律一般需要五年，"学满五夏，五法成就，堪能诵戒羯磨，方许离师。"①

（4）《宋高僧传》说到文益跟随学习的导师希觉的经历云："暨乎则公长往，乃讲训于永嘉。"希觉之师慧则去世是在908年，亦即在908年之后，希觉从宁波鄞山育王寺迁往温州永嘉，在这里遭人诬告，后来再迁徙到杭州，主持钱元瓘（887—941）新建的千佛寺。文益极有可能在希觉离开育王寺时（908年之后）不再打算跟随前往，而决定外出行脚参禅。

综上所述，我们基本可以确定，文益大概是在公元909年前后来到福州，进入长庆禅院参禅。

如上文所述，长庆禅院是新改的名字，原来叫"西院"，是当时非常著名的一处禅宗道场。上一章已经说过，百丈怀海门下高弟大安禅师曾在此主持二十余年②，与云门文偃渊源极深的韶州灵树如敏禅师便

---

① 【清】书玉科：《沙弥律仪要略述义》卷上，续60册272页下。
② 《景德传灯录》云："师大化闽城二十余载师，唐中和三年十月二十二日归黄檗寺示疾而终"。【宋】道原：《景德传灯录》卷11，大51册268页上。

是出自大安门下，大安另有一个弟子名叫文矩禅师——

（文矩）携一小青竹杖入西院法堂，安遥见而笑曰，"入涅槃堂去。"师应诺，轮竹杖而入。时有五百许僧染时疾，师以杖次第点之，各随点而起。闽王礼重，创国欢禅苑以居之，厥后颇多灵迹。唐乾宁中示灭。①

当时有五百僧人俱染时疾，可见西院的规模一直都是很大的。

关于西院改名"长庆院"的原由，《景德传灯录》云：

师虽曾居长乐府之西院，没后二十余年，闽帅移招庆棱和尚来住西院，方奏长庆之额。②

大安在唐中和三年（883）十月二十二日回归黄檗寺示疾而终③。黄檗寺离着福州不远，是大安幼年出家学习律乘的地方。慧棱于909年接手西院，算起来距大安去世有26年。这和《景德传灯录》记载的"没后二十余年"是相吻合的。

慧棱是杭州盐官人，俗姓孙，十三岁在苏州通玄寺出家，乾符五年（878）二十五岁时来到福建，首先参访的也是大安禅师，如《景德传灯录》云：

---

① 同上，286页下。
② 同上，286页上。
③ 《宋高僧传》则说大安逝于"怡山丈室"："三年癸卯十月二十二日，坐化于怡山丈室，春秋九十一，腊六十七。"【宋】赞宁：《宋高僧传》卷12，大50册780页下。

唐乾符五年入闽中，谒西院、访灵云，尚有凝滞。①

后来到雪峰义存那里才"疑情冰释"。慧稜在雪峰门下参学二十九年，没想到三十年后，他又回到了最初参学的西院担任住持。

文益入闽，首先来到长庆院随慧稜参学，除了长庆院是一处全国闻名的禅宗道场之外，还因为前代大师如雪峰、玄沙等已经示寂，新一代开山禅师中，慧稜的名气较大，而且他也是杭州人，入闽求法得道，与文益有乡梓之谊。

禅史灯录中，慧稜以坐破七个蒲团之勤苦著称。《五灯会元》叙其悟道因缘云：

师如是往来雪峰、玄沙二十年间，坐破七个蒲团，不明此事。一日卷帘，忽然大悟，乃有颂曰："也大差，也大差，卷起帘来见天下。有人问我解何宗，拈起拂子劈口打。"峰举谓玄沙曰："此子彻去也。"沙曰："未可，此是意识著述，更须勘过始得。"至晚，众僧上来问讯，峰谓师曰："备头陀未肯汝在，汝实有正悟，对众举来。"师又有颂曰：万象之中独露身，唯人自肯乃方亲。昔时谬向途中觅，今日看来火里冰。②

不过在《宋高僧传》及《景德传灯录》中，则并无上述许多曲折，如《宋高僧传》云：

---

① 道原前引书卷 18,347 页中。
② 【宋】普济：《五灯会元》卷 7,续 80 册 152 页下。

遂游闽岭谒雪峰,提耳指订顿明本性,乃述偈云:昔时谩向途中学,今日看来火里冰。①

《景德传灯录》云:

因问:"从上诸圣传受一路,请垂指示。"雪峰默然,师设礼而退,雪峰莞尔而笑。异日,雪峰谓师曰:"我寻常向师僧道,南山有一条鳖鼻蛇,汝诸人好看取。"对曰:"今日堂中大有人丧身失命。"雪峰然之。师入方丈参,雪峰曰:"是什么?"师曰:"今日天晴好普请。"自此酬问未尝爽于玄旨,乃述悟解,颂曰:"万象之中独露身,唯人自肯乃方亲。昔时谬向途中觅,今日看如火里冰。"②

《祖堂集》中慧稜悟道的情节则颇为曲折:

长庆和尚……初参见雪峰,学业辛苦,不多得灵利。雪峰见如是次第,断他云:"我与你死马医法,你还甘也无?"师对云:"依师处分。"峰云:"不用一日三度五度上来,但知山里燎火度树橦子相似,息却身心,远则十年,中则七年,近则三年,必有来由。"师依雪峰处分,过得两年半。有一日,心造坐不得,却院外绕茶园三匝了,树下坐,忽底睡著。觉了却归院,从东廊下上。才入僧堂,见灯笼火,便有来由,便去和尚处。和尚未起,却退步依法堂柱立,不觉失声。大师听闻,问:"是什么人?"师自称名,大师

---

① 赞宁前引书卷 13,787 页上。
② 道原前引书。

云："你又三更半夜来者里作什么？"对云："某甲别有见处。"大师自起来开门，执手问衷情。师说衷情偈曰：

也大差，也大差，卷上帘来满天下。有人问我会何宗，拈起拂子蓦口打。

雪峰因此在次日过早堂吃粥时集众宣布今日得"半个圣人"。第三天又上堂升座，对慧稜说大家对他的开悟是有怀疑的，是"两个老汉预造斗合禅"，"斗合"亦即"凑合"、"聚集"之意，也就是说，大家怀疑慧稜所说不过恰好符合雪峰、玄沙两人语脉，二人据此加以认可而已。雪峰便要慧稜当众陈述自己的悟境，慧稜便说"万象之中独露身"的偈颂，这样才得到大家的认可。

按慧稜原籍江浙一带，能在福建泉州开山传法，实属不易，其中雪峰着力推荐是重要原因之一。古代禅师出世为人，除了个人悟境、德行服众外，外护是必不可少的助缘。在家乡开山自然容易得到桑梓之助。如师备出山，雪峰道贺，雪峰说，"若不是汝，也难。"师备回答说，"本是桑梓之所故，非某之能。"玄沙所答并非全是谦逊之词。雪峰会下，"稜道者"的"浙人"身份多少还是有些尴尬的。如《玄沙师备禅师广录》中所记载的：

泉州王太尉请稜道者住招庆……师上雪峰送稜道者，相看了，乃云："和尚且喜又分一枝从彼处去。"峰云："是，是，缘即如此，只是桑梓不着。"师云："他也定。"峰云："是，是。"师云："喏，喏。"

师见稜道者来，相看，乃云："你是福人，得太尉造院贮你。"稜云："此恩力,尽是堂头和尚及和尚故,非某。"师云:"我特为你上来,你且作么生?"稜云:"若与么,某即礼谢和尚。"师云:"不是这个道理。"师却举似雪峰,问稜道者因缘。峰云:"他本是两浙人。"稜却云:"泉州且不是当山。"师云:"若与么,你到彼中,善为住持。"①

　　雪峰说稜道者"桑梓不着";慧稜说太尉建造招庆寺邀请自己出山是堂头和尚及师备的"恩力"。玄沙说起慧稜悟道因缘,颇有考察其悟境之意,雪峰再次强调慧稜是"两浙人",慧稜也赶紧表白说自己传法的地方是在泉州而非福州本山。玄沙才说你到泉州招庆寺要"善为主持"。从一番对话中不难看出慧稜出山是雪峰着力推荐的,玄沙不一定同意,除了对慧稜的悟境持保留意见外,慧稜不是福建本省人也是一个原因。

　　两相参照,《五灯会元》叙慧稜悟道因缘颇具传奇色彩,但不如《宋高僧传》与《景德传灯录》更为平实可信。盖禅宗悟道多是循序渐进的,并非一悟了事。慧稜参访大安、灵云,实际上已有所得,不过还有疑滞不通之处,到了雪峰门下才涣然冰释。但即便悟了,仍需跟随雪峰修行二、三十年,如《宋高僧传》所谓"如是亲依不下峰顶计三十许载,冥循定业,谨摄矜庄",《景德传灯录》所谓"师来往雪峰二十九载"。到了53岁时才受泉州刺史王延彬之邀开法招庆,56岁时再受王审知之邀主持西院,并改名"长庆院"。

　　西院是福州一处可住一千多僧众的大道场,寻常之辈绝无资格主

_____

① 智严集《玄沙师备禅师广录》卷1,续73册3页上。

持。 慧稜受邀前来，除其个人声望甚著之外，与雪峰、玄沙之相继逝世
有关。 去年（908）两位大师先后去世，福州佛教界顿然丧失了两位领
袖人物，相对出现了一个真空状态，王审知亟需新的宗教领袖，于是在
雪峰逝世后，王审知在"府城之左二十里，开鼓山、创禅宫"，邀请神
晏开法；玄沙逝世后，请慧球接任师备的福州安国院道场主持。 慧稜
之受邀从泉州招庆入主福州长庆禅院，是系列宗教人事任免决策中的一
个环节。①

慧稜之受邀主持长庆禅院，王审知夫人崔氏或与力焉。 《景德传
灯录》记载：

> 闽帅夫人崔氏（奉道自称练师）遣使送衣物至，云："练师令就大师请
> 取回信。"师曰："传语练师，领取回信。"须臾使却来师前唱喏便回。师明
> 日入府，练师曰："昨日谢大师回信。"师曰："却请昨日回信看。"练师展两
> 手。闽帅问师曰："练师适来呈信，还惬大师意否？"师曰："犹较些子。"曰：
> "未审大师意旨如何？"师良久，帅曰："不可思议，大师佛法深远。"②

《佛祖纲目》将此段机缘语录列在慧稜之受邀刚刚主持长庆禅院之
后，可信。 由此亦可见王审知夫妇对于慧稜的礼重。 因为慧球早逝
（913 年辞世），雪峰、玄沙逝后，福州佛教界新的领袖人物便是神晏
与慧稜。

---

① 《祖堂集》记载慧稜与王审知"说今古成人立德底事"，大王礼拜云："若不遇和尚，岂知
与么次第。"可见王审知对于慧稜的尊崇。
② 道原前引书卷 18,348 页上。

综上所述，文益入闽参访，选择长庆院作为栖身之地，选择慧稜作为参学的导师，都是顺理成章的事情。

文益在长庆门下住了大约十几年的时间，关于其参学经历，禅史灯录中并无只言片语的记载，至于参学程度如何，相关记载则是有所出入的。例如《宋高僧传》云："振锡南游，止长庆禅师法会，已决疑滞。"后文还有"罗汉素知益在长庆颖脱，锐意接之"的说法，那么按照《高僧传》的记载，文益在长庆门下是有所开悟的，只不过未臻堂奥而已。《景德传灯录》的记载与此可相表里："振锡南迈，抵福州长庆法会，虽缘心未息而海众推之。"也是说文益在长庆门下声望颇高，至于其参悟程度，则仅以"缘心未息"笼统称之。但是到了《五灯会元》及以后的大多数灯录中，文益在长庆门下，参禅似乎是进展不大或收获不多的，如《五灯会元》云："抵福州参长庆，不大发明"，《宗鉴法林》则云，"初谒长庆稜道者，无所契悟。"那么文益在长庆门下参学十几年，到底程度如何呢？

笔者以为，《宋高僧传》及《景德传灯录》的记载比较合乎常情，而《五灯会元》以降诸家灯录，未免过于强调了文益在长庆门下没有彻悟这一事实。实际上文益在长庆应该是有所悟入的，只不过命根未断，犹落在知解上，不能大死一回，彻头彻尾悟去而已。

究实而论，参禅只是悟个本来现成的，消解掉本来没有的，故在自己分上，从来就没有减少丝毫，也没有增多半分。只是无量劫来，背觉合尘，从无住本生一切法，妄想日深，胶胶扰扰，不得自由。释迦出世，设立法门，不过使人悟入此种真实而已。对于佛经语句、祖师言论之种种玄妙，学人一开始必然要起心思量进而有所得、有所悟解，而做意识活计，这都是在所难免之事。对此亦不能否认其有悟解之处，只是未能斩钉截铁、不顾危亡、悬崖撒手，丧尽目前机、去却胸中物而已，因而未能向无功用之大解脱场中纵横自在去，亦即未能吞透得过金刚圈、栗棘蓬，此即难免渗漏，《景德传灯录》所谓文益"缘心未息"是也。此"缘心未息"便是"命根未断"，如圆悟禅师说，"假使将此一大事因缘，种种垂示，犹是有机有境，落在情尘。要会么？直是一念不生，方有少分相应。所以先师道：直须是命根断始得。且道如何是命根断？须是打迭从前知见种种解会，一似大死底人，活得起来，自然无诤。"①文益离开长庆院时的状况便是落在"有机有境"上。文益在长庆院中的十几年专精之力不容忽视也，而且文益在地藏院得桂琛禅师启发悟去，功夫、知见也还是在长庆院中积攒下的。此亦如宗杲所说：

　　杲每为信此道者说，渐觉得日用二六时中省力处，便是学佛得力处也。自家得力处，他人知不得，亦拈出与人看不得。卢行者谓道明上座曰，汝若返照自己本来面目，密意尽在汝边是也。密意者，便是日用得力处也；得力处，便是省力处也。世间尘劳事，拈一放一，无穷无尽，四威仪内，未尝相舍，为无始时来与之结得缘深故也，般若智慧无始时来与之结得缘浅故也，乍闻知识说着，觉得一似难会，若是无始时来尘劳缘浅，般若缘深者，有甚难会处？但深处放教浅，浅处放教深，生处放教熟，熟处放教生。②

----

① 【宋】绍隆等编《圆悟佛果禅师语录》卷12，大47册769页中。
② 【宋】蕴闻等编《大慧普觉禅师语录》卷26，大47册924页上。

此为参禅之真实历程，日常功夫，只在般若缘日深，世俗尘劳缘日浅，便能渐渐得力，然后或有机缘悟入。文益在长庆会下参学十几年，培养定力，熏习知见，所谓"已决疑滞"，可见在佛法根本见解上还是不错路头的。这比较符合参禅的实际进程。

慧稜与桂琛都是具眼禅师，悟后也都下过几十年的专精功夫，为什么文益不能在长庆院彻底悟去，而非要等到地藏院遇到桂琛才能发明大事？笔者以为，这主要还是一个"时节因缘"的问题。如灵祐参百丈故事：

一日侍立，百丈问："谁？"师曰："灵祐。"百丈云："汝拨炉中有火否？"师拨云："无火。"百丈躬起，深拨得少火，举以示之云："此不是火？"师发悟礼谢，陈其所解。百丈曰："此乃暂时岐路耳。经云：欲见佛性，当观时节因缘，时节既至，如迷忽悟，如忘勿忆，方省己物不从他得。故祖师云：悟了同未悟，无心亦无法，只是无虚妄、凡圣等心，本来心法，元自备足，汝今既尔，善自护持。"①

洞山《宝镜三昧歌》云，"天真而妙，不属迷悟，因缘时节，寂然昭著"。参禅用功到了一定火候，知见熏习到了一定阶段，此可谓"时节"，而犹待"因缘"才能悟入。因缘则非必然、固定之事，如雪峰义存参访洞山与德山故事：

_____

① 【宋】宗杲：《正法眼藏》卷 2，续 67 册 597 页中。

在洞山作饭头,一日洞山问雪峰:"作什么?"峰云:"淘米。"山云:"淘沙去米,淘米去沙?"峰云:"沙米一齐去。"山云:"大众吃个什么?"峰便覆盆。山云:"子缘在德山。"指令见之。才到便问:"从上宗乘中事,学人还有分也无?"德山打一棒云:"道什么?"因此有省。①

洞山岂非大禅师? 因缘不契,亦不能使雪峰方便悟入,须待德山打一棒方才"有省"。 禅门师资契合之事真难言也。《宋高僧传》说"由玄沙与雪峰血脉殊异,益疑山顿摧,正路斯得",又评论说,雪峰较为重视"杜默禅坐",是"知戒急也",玄沙传承到文益成"江表之学",崇尚"虚通无系",了达"逍遥勿拘",是"知乘急也",其所谓"血脉殊异",显见是一种教学风格、提撕方便、进修理路上的显著差别,所谓"戒急"、"乘急"的差异,说的是二者禅风的不同。 或许雪峰—慧稜一系的"血脉"、"禅风",对于文益而言并不适合,这是他在慧稜门下参学十几年最终未能彻悟的原因,也是他最终决定离开长庆院的理由。

第三节　文益嗣法桂琛禅师

文益在出行途中偶遇桂琛禅师(867—928),因缘巧合,发明大事。 桂琛是玄沙师备的得法弟子,祖籍河北常山,20岁时在家乡的万岁寺(一说万寿寺)出家,跟随无相学律。 无相本是律宗高僧。 不过

---

① 【宋】圆悟:《碧岩录》卷1,大48册145页上。

桂琛志不在此，似乎还没有学完五年，他就决定外出寻访参禅。《宋高僧传》中云：

初登戒地例学毗尼，为众升台宣戒本毕，将知志大安拘之于小道乎，乃自诲曰：持犯束身非解脱也，依文作解岂发圣乎？于是誓访南宗，程仅万里，初谒云居，后诣雪峰、玄沙两会，参讯勤恪，良以嗣缘有在，得旨于宗一大师。

《景德传灯录》则云：

披削登戒学毗尼，一日为众升台宣戒本布萨已，乃曰：持犯但律身而已，非真解脱也，依文作解岂发圣乎？于是访南宗，初谒云居、雪峰，参讯勤恪，然犹未有所见，后造玄沙宗一大师，一言启发，廓尔无惑。

桂琛先到江西参访云居道膺禅师，他是洞山良价禅师的法嗣，三十年谈玄，门下常有 1500 多人，于 902 年初圆寂；桂琛参访的第二位禅师是雪峰义存，但因缘不契，终"未有所见"，在玄沙会下，才得以"廓尔无惑"。桂琛悟道的机缘语句不见于禅史灯录中，唯下面一则与玄沙的语录较为有名：

玄沙尝问曰："三界唯心，汝作么生会？"

师指倚子曰："和尚唤遮个作什么？"

玄沙曰："倚子。"

曰："和尚不会三界唯心。"

玄沙曰："我唤遮个作竹木，汝唤作什么？"

曰："桂琛亦唤作竹木。"

玄沙曰："尽大地觅一个会佛法底人不可得。"师自尔愈加激励。①

又《景德传灯录》载《漳州罗汉桂琛和尚明道颂》一首，其词曰：

> 至道渊旷，勿以言宣。言宣非指，孰云有是。
>
> 触处皆渠，岂喻真虚。真虚设辨，如镜中现。
>
> 有无虽彰，在处无伤。无伤无在，何拘何阂？
>
> 不假功成，将何法尔？法尔不尔，俱为唇齿。
>
> 若以斯陈，埋没宗旨。宗非意陈，无以见闻。
>
> 见闻不脱，如水中月。于此不明，翻为剩法。
>
> 一法有形，翳汝眼睛。眼睛不明，世界峥嵘。
>
> 我宗奇特，当阳显赫。佛及众生，皆承恩力。
>
> 不在低头，思量难得。拶破面门，覆盖乾坤。
>
> 快须荐取，脱却根尘。其如不晓，谩说而今。②

惠洪赞桂琛禅法"精深广大，唯以直下便见，拟成剩法为要"③，良有以也。桂琛所谓"触处皆渠"，又说"不假功成"，则眼前任何一

---

① 林弘衍编次《玄沙师备禅师语录》卷3，续73册42页中。

② 道原前引书卷29，453页中。

③ 【宋】惠洪：《禅林僧宝传》卷4，续79册501页中。

物一境，皆是悟入之契机。 若干年后，桂琛接引文益，正是以"三界唯心"作为引导，然后就目前境物加以启发，这里是一把椅子，地藏院里是一片石头，文益后来又作《三界唯心颂》。 由此或可见玄沙—桂琛—文益一系之由教入宗的教学特色。

桂琛参访雪峰、玄沙时名声甚著，与慧球齐名，号"二大士"，而且曾担任玄沙的"助教"，《景德传灯录》所谓"玄沙每因诱迪学者流，出诸三昧，皆命师为助发。"①但与他的同学慧球相比，桂琛出道很晚，按照《佛祖纲目》、《宗统编年》的记载，大概在 920 年，桂琛53 岁时，漳州牧王公请其住持福州城西的石山地藏院。② 这可能是一处私人修建的精舍，规模不大，与动辄上千人的四方丛林不可同日而语。

《景德传灯录》云："时漳牧王公请于闽城西之石山建精舍曰地藏，请师驻锡焉。"只说桂琛驻锡，未说开堂或主持之事，且地藏精舍似为新建，应当向朝廷申请赐额，"地藏院"显然没有经过这样的程序。 故笔者怀疑这只是一处私人修建的寺庙，而没有纳入国家注册范围之内。 其后桂琛迁往漳州，或许亦与此有关。

按古代禅师"开堂"是大有讲究的，《禅林象器笺》引敕修清规云："古之开堂，朝命下，或差官敦请，或部使者，或郡县遣币礼请，就某寺或本寺，官给钱料，设斋开堂。 各官自有请疏及茶汤等榜。"《祖庭事苑》则说开堂是过去译经院的仪式，"每岁诞节，必译新经上

---

① 道原前引书卷 21,371 页上。
② 《宗统编年》："庚辰（梁贞明六）年,禅师桂琛住地藏。"《佛祖纲目》:"(庚辰)桂琛禅师住地藏。"

进，祝一人之寿，前两月，二府皆集，以观翻译，谓之开堂；前一月，译经使、润文官又集，以进新经，谓之开堂。"宗门加以借鉴，"长老主持演法之初亦亦谓之开堂者，谓演佛祖正法眼藏，上祝天算，又以为四海生灵之福，是亦谓之开堂也。"①

"驻锡"与"开堂"大有不同。"驻锡"不过说僧人长期驻留一地而已。"驻锡"亦即"挂锡"，《祖庭事苑》云，"西域比丘，行必持锡，有二十五威仪。凡至室中，不得着地，必挂于壁牙上。今僧所止住处，故云挂锡。"故桂琛"驻锡"地藏院不过是长期住在这里而已，决非开堂传法。不过即便没有经过正式手续开堂，也并不耽误传授禅法，但所传弟子们没有嗣法资格，无法列入灯谱序列之中。如桂琛另一师弟道勤禅师，又称"还乡和尚"，据说得法于玄沙，50余年后的建隆初年，到钱塘普安，"虽不开堂演唱，而参玄入室者常盈五百。"②

故笔者认为，桂琛驻锡地藏院，并未经过正式官方手续而取得合法开堂资格，如果有禅僧在此跟随其学禅也并非不可能的事情。

相比较而言，桂琛出世较晚，而且所住道场也只是一处私人精舍，如其同学慧球早在梁开平二年（908）玄沙示灭后即接任主持师备道场——福州卧龙山安国院，这是玄沙的遗旨：

---

① 【宋】善卿：《祖庭事苑》卷8，续64册430页中。《禅林象器笺》引宋代宋敏求之《春明退朝录》考据云，译经院开堂之名目，确定于宋代太平兴国年间。此制度是否继承自唐代，唐五代丛林是否也叫开堂，则不易言也。宋敏求不过说，"亦唐之清流尽在也。"【日】无著道忠：《禅林象器笺》，《禅宗全书》第97册第372页。

② 同上卷3，356页下。按善卿说道勤寿六十，又说他死于太平兴国元年（976），如此道勤不可能参访玄沙师备。此说年代或年龄有误。善卿说玄沙门下"弟子得其法而抱道嘉遁者不可得而详"，由此可见玄沙禅道另有一种遁世无闷之风格。

闽帅王氏遣子至问疾，仍请密示继踵说法者谁乎。玄沙曰："球子得"。王氏默记遗旨。乃问鼓山国师曰："卧龙法席，孰当其任?"鼓山举城下宿德具道眼者十有二人，皆堪出世，王氏亦默之。①

908 年，雪峰、玄沙两位大师先后入灭，福州禅宗界年轻一代精英即将崭露头角。鼓山国师神晏兴圣推荐的 12 人名单中似乎没有桂琛，不然他不会等到十几年后才出世主持一处私人小道场。《宋高僧传》中说他"密行累载，处众韬藏，虽夜光所潜，而宝器终异"，可见桂琛是"夜光所潜"了很多年的，之所以如此，除了桂琛个人"秘重大法，痛自韬晦"的个性外，我们猜测他可能受到了某种排挤，在福州佛教界的地位并不显著。我们有此猜测，有如下根据：

第一，桂琛出世主持的地藏院是一处私人修建的小道场，可能并未列入官方注册之中，与卧龙山安国院道场不可同日而语。之所以有此猜测，除上文所说诸原因外，另如诸种禅史灯录《宋高僧传》、《景德传灯录》、《五灯会元》中，桂琛的名号大都是"漳州罗汉院桂琛"或"罗汉桂琛"，叫做"地藏琛"者多为一种方便称呼。据此猜测，漳州罗汉院虽然破败，但毕竟是一处官方注册的道场，地藏院是一处私人修建的小道场。而当时桂琛与慧球齐名，与慧球主持安国院相比，桂琛出世主持一处私人道场，后来再迁止一处偏远破败的道场，反差太过强烈，其中或有原委。

第二，在有的灯录如惠洪《禅林僧宝传》的记载中，文益几人在地

———————————

① 道原前引书卷 21,372 页上。

藏院初遇桂琛，竟然都不知道这位"老僧"是谁；文益从未到过地藏院，即便在地藏院住了几天也没有打算留下来问法，这都是各灯录记载中不争的事实。文益在福州长庆会下参禅多年，桂琛也住在福州城西地藏院里，二人竟然不认识，那么桂琛在福州佛教圈的地位、声望、影响可想而知。

第三，桂琛出世住持地藏院"一纪有半"或"仅逾一纪"后迁止漳州罗汉院。桂琛在928年秋天62岁时入灭，按《佛祖纲目》、《宗统编年》等说法，他住持地藏院是在920年；《宋高僧传》中说，"于闽城西石山建莲宫而止，驻锡一纪有半"，《景德传灯录》则云，"仅逾一纪，后迁止漳州罗汉院"。确定桂琛驻锡地藏院时间长短的关键是"一纪"是几年。按古代有以四年为一纪（《素问·六微旨大论》）①，十二年为一纪（《国语·晋语》）②，三十年为一纪（《素问·天元纪大论》）③等。桂琛驻锡"一纪有半"之"一纪"，是十二年还是四年，这是应当加以辨析的。"一纪"如果是十二年，"一纪有半"则是十八年，那在910年之前（甚至早在908年前后）就已经主持地藏院了，与佛祖纲目的说法大相径庭，而且此时桂琛不过四十几岁，出世有些早了。另《景德传灯录》说"仅逾一纪"，从语气上说，"仅逾"之"仅"有"只不过"的意思，明显是感慨桂琛驻锡地藏院时间并不长。故综合来看，此处的"一纪"当是四年，桂琛在福州城西驻锡地藏院大

① 《素问·六微旨大论》："日行一周，天气始于一刻，日行再周，天气始于二十六刻，日行三周，天气始于五十一刻，日行四周，天气始于七十六刻，日行五周，天气始于一刻，所谓一纪也。"

② 《国语·晋语》："文公在翟十二年，狐偃曰：'吾来此也，非以翟为荣，可以成事也。吾不事齐楚，辟其远也，蓄力一纪，可以远矣'。"《解》："十二年，岁星一周，为一纪。"

③ 《素问·天元纪大论》："五六相合，而七百二十气为一纪，凡三十年。"

概有六年，然后迁止漳州罗汉院。所以笔者认为《佛祖纲目》等说桂琛始住地藏院在 920 年是有道理的，①桂琛大概在 925—926 年之间搬到漳州罗汉院。

谢重光教授曾有一补证，说漳州罗汉院建于天成年中（926—929），最早不可能超过 926 年：

《闽书》的一条资料提供了可资探寻的线索。该书卷 28《方域志·漳州府·龙溪县》载：

"二十一都，图十。……山曰名第、铜钵、罗汉、尼姑、天宝、天公、员山。"

"罗汉山 五代唐天成中，王延休憩此，忽闻异香薰馥，得一龟，背有罗汉像，遂建寺，因以名山。"……

王延休获得背有罗汉像之龟，以其祥瑞而建寺，并把所在之山命名为罗汉山，那么，其所建之寺应该就是罗汉院。如果这一推断不误，则漳州罗汉院建于天成中，最早不可能早于天成元年（926），然则桂琛被请至罗汉院为众宣法也不得早于此年。②

按此说并不一定成立，因为很多史书如《释氏稽古略》、《释氏通鉴》、《禅林僧宝传》、《佛祖纲目》等，都认为桂琛所迁止的罗汉院"破垣败篑"，"人不堪其忧，非忘身为法者不至。"③则罗汉院明显是

---

① 《释氏稽古略》、《释氏通鉴》、《指月录》、《禅林僧宝传》等书中都认为桂琛在地藏院驻锡"十余年"。

② 谢重光：《也谈文益禅师参桂琛的地点和年代》，《世界宗教研究》2003 年第 1 期。

③ 【宋】本觉：《释氏通鉴》卷 12，续 76 册 128 页下。

一处旧有寺庙，非如谢先生所说为天成年间新建也。①

　　桂琛近六十岁时，搬到漳州罗汉院，寺庙破旧，里面的物件、生活用品残缺不全，还要自己开田插秧。桂琛入灭前，"复至闽城旧止，遍游近城诸刹，"可见桂琛对"闽城旧止"——地藏院及其出道前住过的地方还是蛮有感情的。一介老翁，如非被迫，似乎不会愿意舍弃经营多年的都城中的道场而来到偏远荒废之地。《释氏稽古略》中说"师处之恬如也"，但并不等于说桂琛是心甘情愿地来到漳州罗汉院的。

　　基于以上理由，我们猜测桂琛在福州佛教界可能多年遭受排挤、打压。他早先出世主持的地藏院只不过是一处私人道场，并没有官方认可的传法资质。所以笔者怀疑《宋高僧传》所谓桂琛"以秘重妙法罔轻示徒，有密学恳求者时为开演"云云，实有不得已的苦衷，盖地藏院并非官方及丛林认可的传法道场，桂琛在此亦并无传法的合法资质，所以只能偷偷传法，且不能有法嗣传承。②他近六十岁时之所以到破败不堪的漳州罗汉院开堂传法，或许因为此处虽然破败，但毕竟是一处官方、丛林认可的正式道场，如文益、悟空等弟子们从此可以有正式的禅宗法脉可依，否则文益等人也只能或转嗣他人，或自己开悟受用而无法传禅。

　　有关桂琛受到排挤打压的情形，《宋高僧传》也给我们透漏了其中

---

　　① 文襄先生《福建佛教寺院巡礼》则认为，桂琛曾在漳州主持"南山寺"。南山寺始建于开元 25 年(737)，为太子太傅陈邕舍宅为寺，其女金花在此出家，寺初名"延福报劬院"，延请云岭常公为开山祖师，"继席者有名僧桂琛、文益等，唐末渐趋衰微。"但并无确证说"延福报劬院"在五代时期曾更名为"罗汉院"。

　　② 类似的案例如文偃在睦州处开悟，但因为睦州道踪禅师本身没有正式开堂，也就没有传法资格，所以文偃承嗣雪峰，而且灯录中睦州法嗣仅列睦州刺史陈操及严陵钧台和尚二人，后者且无机缘语句。故笔者怀疑睦州法嗣不过是后人附会而有，按照当时丛林规矩，睦州没有正式开堂，便不具备正式传承法嗣的资格。

的一些端倪：

　　时神晏大师王氏所重，以言事胁令舍玄沙嗣雪峰，确乎不拔，终为晏谗而凌轹，惜哉！①

元代昙噩《新修科分六学僧传》亦云：

　　琛无恙时，鼓山神晏尤见重于王氏，以他事胁令舍玄沙嗣雪峰，琛终不变。②

　　"凌轹"即"欺凌"之义，是说桂琛受到了鼓山国师神晏兴圣的欺凌。兴圣是雪峰传法弟子，为后雪峰时代福州乃至福建僧团的领袖人物，《景德传灯录》中说，"暨雪峰归寂，闽帅于府城之左二十里，开鼓山创禅宫请扬宗致"，又说，"闽帅礼重，常询法要焉。"他向王审知说了桂琛的坏话（谗），而欺凌、压制了桂琛，使之不得出头乃至受委屈（凌轹）。

　　兴圣又为什么如此"凌轹"桂琛呢？ 我们只能根据"言事胁令舍玄沙嗣雪峰，确乎不拔"一句，结合桂琛的参学经历作如下推理：

　　当时雪峰、玄沙亦师亦友，两处道场似乎不分彼此。 桂琛先参雪峰，后参玄沙，二老可能无所谓，但在旁人看来，桂琛到底算是谁的弟子，就有些说不大清楚了。 桂琛早岁知名，"丛林共指为雪峰法道所

——————————

① 赞宁前引书卷 13,786 页下。
② 【元】昙噩：《新修科分六学僧传》卷 8,续 77 册 142 页下。

寄"，也就是说，大家一致认为桂琛当然是雪峰的传法高弟，但桂琛后来坚称自己是玄沙的法嗣，玄沙可能考虑到桂琛身份较为特殊，传法给他是秘密授予，如《宋高僧传》中云，"琛得法密付授耳"，亦即玄沙传授桂琛禅道之事，并未做公开说明。桂琛坚持承嗣玄沙之举，难免会引起雪峰一系弟子们的强烈反感，认为桂琛辜负雪峰，甚至有欺师灭祖之嫌，兴圣神晏因此"以言事"胁迫桂琛承认是雪峰的法嗣，但遭到了桂琛的拒绝（确乎不拔），兴圣因而认为桂琛在品德上大有问题，便利用自己的地位向闽王王审知进"谗"，王审知听从之，于是官方及丛林联合对"禅法虽然高明但品德难免有亏"的桂琛加以打压（所谓"凌轹"），使之多年不得出头。其中双方之间可能有误会、有义气之争，所以《宋高僧传》以"惜哉"评价之。

在某种程度上，这一推理应该是能够成立的。

惠洪曾说过，他想像中的"地藏琛禅师"是"城隈古寺，门如死灰，道容清深"的样子。法眼一系日后道行江南，未尝不是由桂琛当日能"秘重大法"、受欺二十余年不争不辩而恬退自处的精神中得力！"诸方说禅浩浩地，争如我此间栽田搏饭吃，有旨哉！"

文益出行偶遇的地藏院桂琛禅师，大概就是这样一种情形。

至于文益偶遇桂琛的地点、因由及年代，今人王荣国先生考辨甚详。王先生认为：

所谓文益在漳州地藏院或罗汉院参桂琛之说不能成立；所谓文益因"阻雪而参桂琛"是南宋禅僧编造的假公案。文益禅师是于五代后梁开平末至贞明初之间入闽，在福州参慧稜禅师，贞明年间或贞明末拟往湖湘，因大雨溪涨受阻,暂寓闽城西石山(今福州市郊)地藏院而参桂琛。①

　　其中文益偶遇桂琛的地点、因由无待多言,唯二人相遇之时间,仍有考辨之必要。

　　王荣国先生认为文益是在贞明年间或贞明末遇到桂琛的,按此推算,其时间大概是在公元 916—921 年之间。王先生先推论出桂琛大概是在光化年间出世,再根据其驻锡地藏院"一纪有半"、"仅逾一纪"的记载,推出文益是在贞明年间或贞明末遇到桂琛。王先生推论桂琛受请开法的时间说:

　　那么,桂琛于何时受请开法呢?据《宋高僧传》桂琛传载,桂琛"得旨于宗一大师,……密行累载,处众韬藏。虽夜光所潜,而宝器终异,遂为故漳牧太原王公诚请于闽城西石山建莲宫(即地藏院——引者)而止。"《景德传灯录》桂琛传载,桂琛参玄沙师备"一言启发,廓而无惑。……玄沙每因诱迪学者流,出诸三昧,皆命师为助发。师虽处众韬晦,然声誉甚远。时漳牧王公请于闽城西之石山建精舍曰地藏,请师驻锡焉。"显然,上述僧传与灯录的记载表明:桂琛受请出世开法闽城西石山是在其师玄沙师备禅师去世之前。师备卒年为后梁开平二年(908),桂琛当在唐末受请出

---

　　① 王荣国:《文益禅师在闽参桂琛的年代、因由、地点与卓庵处考辨》,《世界宗教研究》2002 年第 1 期。另谢重光教授认为文益遇桂琛应该是在漳州城西而非福州城西,理由一是北宋宣和年间(1119—1125)成书的《禅林僧宝传》中明确说"自漳州抵湖外",二是漳州刺史在"闽城西之石山建精舍曰地藏"中"闽"字为衍出,因为漳州刺史没有理由在福州建造莲宫;三是有"保福迁化,地藏入塔"之语等等。笔者认为,《禅林僧宝传》晚出,而后两个理由似乎牵强,且谢重光教授亦未对桂琛临去世前"复届闽城旧止,遍逰(玩)近城梵宇"的异常举动进行考辨说明。故综合来看,笔者倾向于认为文益遇到桂琛应当是在福州城西。谢重光:《也谈文益禅师参桂琛的地点和年代》,《世界宗教研究》2003 年第 1 期。

世开法于"闽城西石山"。

王先生更进而认为"桂琛受请出世传法的时间当在光化年间前后",光化年间即公元898—901年。但此为想当然之辞,上述两处所引文献中并无直接证据说明桂琛出世是在玄沙去世前,王先生是把"玄沙命桂琛为助发"、"声誉甚远"、"王公请开法"三件事情看作一组因果关联,把"得旨于宗一大师"、"密行累载处众韬藏,虽夜光所潜而宝器终异"、"遂为故漳牧太原王公诚请"同样看作一组因果关联,因而得出上述结论,但仔细分析,其间并不必然有因果关系。

另外,桂琛867年出生,20岁出家,如"光化年间"出世,其时不过31—34岁,出家不过十几年,参禅不到十年就出世传法,再怎么说也太早了些。唐末五代时期禅宗兴盛,人才辈出,一般来说,二十几岁出来参禅,学习、修行二十几年,大概五十岁之后才有资格出世传法,如雪峰义存52岁才"随机演唱",师备出世时46岁,神晏出世45岁,算是比较早的了;与桂琛差不多同时代的慧棱,53岁时才住招庆,与桂琛齐名的慧球,908年之后接任卧龙山安国院主持,5年后即913年去世,比桂琛早逝13年,按照常理,慧球的年龄似乎比桂琛还是要大一些;文偃在睦州处开悟后仍遍参诸方二十几年,918年在广中灵树开法时已经有54岁,文益出世时五十几岁。而桂琛以"密行累载,处众韬藏"著称,怎么可能三十岁刚刚出头、比别人早二十岁就出世弘法呢?一个学僧成为禅者进而成为一位禅师,至少需要二三十年的时间或功夫,如雪峰所说,"山僧各各有千百人众,并是二、三十年密用此事,未有一二人承当得。"①其中原因,下一章有较为详细的说明。

所以说"桂琛出世是在玄沙去世前"乃至"在师备从玄沙迁至安国院之前"这一推论并不能成立。倒是文中的"处众韬晦"、"密行累载"、"夜光所潜"似乎别有意味。另外,王荣国先生对于桂琛受鼓山国师神晏兴圣"凌辚"之事似乎也没有予以充分的重视。

那么,桂琛出世主持地藏院以及文益偶遇桂琛的时间,是在哪一年呢?万历至崇祯年间心空居士编撰的《佛祖纲目》以及康熙年间纪荫编撰的《宗统编年》中,曾提出二事的明确时间,笔者以为,对此其实是有予以重视并加以检讨之必要的。

《佛祖纲目》所给出的明确时间为:(庚辰),桂琛禅师住地藏;(乙酉),桂琛禅师传法文益。

《宗统编年》所给出的明确时间为:庚辰(梁贞明六)年,禅师桂琛住地藏,壬午(梁龙德二)年,禅师文益造地藏阻雪悟道。

也就是说,二书都认为,桂琛进住地藏院是在"庚辰年"亦即公元920年;对于文益遇到桂琛的时间则有出入,《佛祖纲目》认为是在"乙酉年"即公元925年,《宗统编年》则认为是在"壬午年"即922年。

对于"桂琛进住地藏院是在庚辰年"之说,二书意见一致,笔者以为,如无强力反证,此说可信。因其与桂琛受兴圣"凌辚"以及对桂琛的评价诸如"处众韬晦"、"密行累载"、"夜光所潜"等比较吻合。且上文已经分析过,桂琛主持地藏院"一纪有半"当作六年解,推算下

---

① 【明】林弘衍:《雪峰义存禅师语录》卷 2,续 69 册 78 页中。

来，920 年左右出世主持地藏院是较为合适的说法。另外我们必须注意
到，《佛祖纲目》和《宗统编年》二书编撰时都有较强的辨正意识，如
《佛祖纲目》辨别"马祖石头会下有二道悟"之事以及"永明长耳"传
说之讹；《宗统编年》则有"阙文"、"阙疑"、"考定"、"别证"、
"存考"等凡例①。也就是说，二书持"桂琛进住地藏院是在庚辰年"
之说一定是有其根据及推理的，对此，如无强力反证，我们不能轻易加
以否定。

　　对于文益遇到桂琛的时间，笔者倾向于认可《佛祖纲目》的"乙酉
年"之说，不过亦无有力佐证，只是认为此说似更能与其它记录或史实
相吻合一些，具体而言：

　　其一，"乙酉年"之说似可解释文益出闽的理由。文益为什么要离
开福州长庆院，这可能是一个无法解开的历史之谜。《宋高僧传》只说
"约伴西出湖湘"，《景德传灯录》说"寻更结侣拟之湖外"，《指月
录》、《五灯全书》等沿袭此说，则文益出行目的地亦不明确。如果假
定"乙酉年"文益准备出岭的话，联系当时史实，则文益可能是为了躲
避战乱而离开福州。盖此年 12 月，闽王王审知卒，其子王延翰自称威
武留后。不久，"汀州民陈本聚众三万围汀州，延翰遣右军都监柳邕等
二万讨之。"②而延翰"观之不似人君"，其"蔑弃兄弟"，"多取民女
以充后庭，采择不已"，眼见安定近 30 年的福州即将发生动乱，文益便
有理由离开长庄院，如按《宋高僧传》"西出湖湘"的说法，其目的地

---

　　①　按照《宗统编年》的体例，文献俱关，地异时远，无从稽定者，曰阙文；文献并征，因时因
事，不能无碍，未敢据定者，曰阙疑；自昔互有异同，至今确实考证者，曰考定；诸子百家别集中，
参合可证者，曰别证；文阙献征据实准定，以俟后稽者，曰存考。
　　②　《资治通鉴》卷 274。

可能是湖南，因为马殷治下的楚国一直比较富庶、安定。

如按此说，文益或在"乙酉年"12月王审知死、延翰继位、陈本之乱时准备离开福州，此时正值冬令，则《五灯会元》、《禅林类聚》等所谓"阻雪少憩"，《释氏稽古略》所谓"阻雪于城西石山"以及后世沿袭"阻雪"说的《金陵清凉院文益禅师语录》、《五灯严统》、《五灯全书》、《教外别传》等，就不应当简单视为"北宋以后的禅僧编造的假公案"①，起码在时令上是有这种可能的。

我们同样猜测，桂琛多年受到排挤、打压，一直无法找到正式传禅的寺庙，只能在地藏院私人道场栖身，多是因为王审知听从鼓山神晏误会进谗之言的缘故。试想一下，闽王认为品德有问题的僧人，谁敢邀请其出山传法？但是到了925年冬天，随着王审知逝世，桂琛的命运也就有了转机，所以不久他就有机会到漳州罗汉院开堂传法了。

其二，文益首次在抚州崇寿寺开法，他原来在福州长庆院的同学子昭首座，听说文益嗣法桂琛，心中不平，带人到抚州责问。成书于金代大定癸未年（1163）的《从容庵录》，万松行秀所做评唱中，子昭首座与文益的对答里出现了一个重要的时间：

昭忽变色抗声曰："长老开堂，的嗣何人？"

师曰："地藏。"

昭曰："何太辜负长庆先师。某同在会下数十余载，商量古今，曾无间隔，因何却嗣地藏？"②

①　王荣国前引文。
②　【元】行秀：《从容庵录》卷4，大48册267页上。

崇祯年间编撰成书的《金陵清凉院文益禅师语录》说法与此大致相同："某甲同在会下数十余载，商量古今。""子昭问责"之事最早见载于宋悟明编撰的《联灯会要》，不过其中并无"数十余载"，只是说"某甲同在座下商榷古今曾无间隔"。万松行秀说二人在长庆会下"数十余载"，此"数"不当按"几"讲，否则怎么也讲不通，当按"算起来"讲，亦即我们两人在长庆院商量古今，算起来有十几年，那么文益入闽时间为 909 年，至 922 年为 13 年，至 925 年为 16 年。从子昭的语气看，时间好像挺长的，925 年比 922 年似乎更合理一些。

综上所述，笔者认为，文益大概在 909 年前后入闽，先是在福州长庆院跟随慧稜参禅。桂琛大概在 920 年入住福州西山地藏院，922——925 年的某一年冬天（笔者倾向于 925 年），文益等人在福州地藏院遇到桂琛，发明大事；926 年前后，桂琛迁住漳州罗汉院，文益等人可能跟随前往①。当然，这只是一种较为合情合理的猜测，并无确凿无误的证据。

文益欲出岭，因"阻雨"或"阻雪"偶遇桂琛。与文益同行者的名字，在不同的禅史灯录中不尽相同。《宋高僧传》中只说"更约伴西出湖湘"而没有具体名字；其它灯录中所举"同行者"名字如下：

《景德传灯录》："与同行进山主等四人，因投诚咨决悉皆契会。"

《联灯会要》："后同景修、法琎三人，欲出岭。"

---

① 《佛祖纲目》云："修山主问讯地藏，乃曰，某甲百劫千生，曾与和尚违背，来此者又值和尚不安。"《联灯会要》云："师（休复）凡三度入岭，偶值地藏不安，师一日侍立床前。"桂琛"不安"，或许是说他快要入灭了，修山主和休复当时应该在他身边。

《禅林僧宝传》："与善修、洪进,自漳州抵湖外。"(《宗鉴法林》相同)

《五灯会元》："后同绍修、法进三人欲出岭。"(《五灯严统》、《五灯全书》、《指月录》、《教外别传》、《金陵清凉院文益禅师语录》等皆持此说)

《景德传灯录》认为是与文益同行者还有三人,其它灯录认为只有二人,二人名字亦不相同,"景修"、"善修"、"绍修"同一"修"字,可能是同一个人,"法口"、"洪进"、"法进"名字相近,可能是同一个人,在后世禅史灯录中,逐渐统一确定为"绍修"、"法进"。

《景德传灯录》中开列桂琛法嗣七人,其中有襄州清溪洪进禅师、金陵清凉休复禅师、抚州龙济绍修禅师。关于"洪进禅师",《景德传灯录》中云:

襄州清溪山洪进禅师(曾住邓州谷口),在地藏时居第一座。①

关于"休复禅师",《景德传灯录》中云:

昇州(清)凉院休复悟空禅师,北海人,姓王氏,幼出家,十九纳戒,尝自谓曰,苟尚能诠则为滞筏,将趣凝寂,复患堕空,既进退莫决,舍二何之?乃参寻宗匠,缘会地藏和尚(法眼章述之),后继法眼住抚州崇寿,甲辰岁,江南国主创清凉大道场,延请居之。②

---

① 道原前引书卷 24,400 页上。
② 同上。

关于"绍修禅师"，《景德传灯录》中云：

抚州龙济山主绍修禅师，初与大法眼禅师同参地藏。所得谓已臻极，暨同辞至建阳，途中谭次，法眼忽问曰，古人道，万象之中独露身，是拨万象不拨万象？师曰：不拨万象。法眼曰：说什么拨不拨。师懵然，却回地藏。……再辞地藏，觐于法眼，……故法眼先住抚州崇寿，大振宗风，师后居龙济山，不务聚徒，而学者奔至。①

按《景德传灯录》中所说，"休复"、"绍修"肯定是与文益同行者，其中"休复悟空"更是与文益相始终，不仅同行、同参，而且继文益住持抚州崇寿寺，后受"江南国主"邀请，主持清凉院，文益同时主持报恩禅院，悟空逝后，文益接替主持清凉院。二人多有偈颂往来，后晋天福八年（943）十月，休复示灭，"命法眼禅师至方丈嘱付"。但在《五灯会元》、《五灯严统》、《五灯全书》以及《指月录》中，只说他"乃参寻宗匠，依地藏，经年不契"，标识其与文益同行的"(法眼章述之)"五字不见了。《景德传灯录》中并未叙述其悟道经历，似乎是与文益同时开悟的，但在《五灯会元》等书中，休复参禅极苦：

依地藏桂琛，经年不契，直得成病入涅槃堂。一夜藏去看，乃问复："上座安乐么？"

复曰："某甲为和尚因缘背。"

① 同上，400页下。

藏指灯笼曰:"见么?"曰:"见。"

藏曰:"只这个也不肯。"复于言下有省。①

如此休复依随桂琛很长时间。其后或再随文益,如《景德传灯录》、《五灯会元》等书皆记载:

师(文益)与悟空禅师向火,拈起香匙问曰:"不得唤作香匙,兄唤作甚么?"

空曰:"香匙。"

师不肯,空后二十余日,方明此语。②

从休复悟空与文益的关系看,他应当是与文益同行人之一。另外,活动年代与文益相差约半个世纪的汾阳善昭禅师(947—1024)在其语录中说:

修山主、悟空、法眼行脚到地藏,向火举话,次地藏入来,乃问:"山河大地与上座自己是同是别?"修云:"不别。"藏竖起两指出去(云云)。③

善昭认为休复悟空与龙济山主绍修是与文益同行者。"绍修禅师",《景德传灯录》中明确说"初与大法眼禅师同参地藏",《五灯会

---

① 【宋】普济:《五灯会元》卷 8,续 80 册 180 页中。

② 道原前引书。

③ 【宋】楚圆:《汾阳无德禅师语录》卷 2,大 47 册 610 页中。

元》等书亦说同行者有"绍修",他跟随文益到抚州,是"龙济山主",他便是后世禅灯语录中经常提及的"修山主"。南宋天童弘智禅师颂古中提到这样一件事:

地藏问修山主:"甚处来?"修云:"南方来。"

藏云:"南方近日佛法如何?"修云:"商量浩浩地。"

藏云:"争如我这里种田博饭吃。"修云:"争奈三界何?"

藏云:"尔唤什么作三界?"①

这应当是文益等人偶遇桂琛以后的事情,绍修往南方参访,回来拜见桂琛,谈论佛法。拜见的地点,是在漳州罗汉院②。

至于"洪进禅师",则不好确定当时他是否与文益同行。如按《景德传灯录》的说法,"同行进山主等四人",则"进山主"当是"洪进",或因其后来住襄州清溪山而被称为"进山主",其"在地藏时居第一座"或许是文益偶遇桂琛之后的事情。如按《五灯会元》等流行说法,"同绍修、法进三人欲出岭","法进"与"洪进"相近,则三人当是文益、绍修、洪进。但相关资料匮乏,无法为之提供更有利的证据。

从洪进与文益的关系看,洪进不太像是当时与文益同行者。文益几人决定离开福州长庆院,同行出岭,间关跋涉,志同道合,关系必然非常亲密,近乎生死之交。相比较而言,绍修、休复后来的人生轨道都

① 【宋】集成:《宏智禅师广录》卷2,大48册19页中。另有灯录禅史只说有一僧,未明确是修山主。
② 《佛祖纲目》明确说桂琛到漳州罗汉院后"插田"。

与文益有较多重合，如绍修来回奔波于桂琛、文益之间，其所居"龙济山"正在抚州，与文益的崇寿寺离得不远；休复一生更是紧随文益左右，友情非同一般；而洪进曾住邓州谷口，后住襄州清溪山，与文益三处开法处离得都比较远，二人亦无机缘语句，可见关系一般。

故综合来看，如是四人同行，则其他三人分别是休复、绍修（"景修"、"善修"）与洪进（"法进"）；如是三人同行，则其他二人较大可能是休复与绍修，洪进或许是文益遇到桂琛时的地藏院首座，而当时与文益三人同参桂琛者。后世《五灯会元》等灯录中较流行的所谓"同绍修、法进三人"之说，除名字相讹外（法进—洪进），事迹有些对不上号，故不足采信。

文益同伙伴在福州西山地藏院遇到桂琛，其具体参访情形，如《宋高僧传》中云：

罗汉素知益在长庆颖脱，锐意接之，唱导之，由玄沙与雪峰血脉殊异，益疑山顿摧，正路斯得，欣欣然挂囊栖止，变涂回轨，确乎不拔。①

《景德传灯录》则云：

琛问曰："上座何往？"师曰："逦迤行脚去。"

曰："行脚事作么生？"师曰："不知。"曰："不知最亲切。"师豁然开悟。②

---

① 赞宁前引书卷 13，788 页上。
② 道原前引书卷 24，398 页中。

《五灯会元》除（1）"不知最亲切"一节外，另有三节曲折：

（2）又同三人举《肇论》至"天地与我同根"处，藏曰："山河大地与上座自己是同是别？"师曰："别。"藏竖起两指。师曰："同。"藏又竖起两指。便起去。

（3）雪霁辞去，藏门送之，问曰："上座寻常说三界唯心、万法唯识，"乃指庭下片石曰，"且道此石在心内、在心外？"师曰："在心内。"藏曰："行脚人着甚么来由安片石在心头？"师窘无以对，即放包依席下求决择。

（4）近一月余，日呈见解、说道理，藏语之曰："佛法不恁么。"师曰："某甲词穷理绝也。"藏曰："若论佛法，一切见成。"师于言下大悟。①

《禅林僧宝传》则在第一节后添加了一个颇为生动的故事情节：

……即起去，益大惊，周行廊庑，读字额曰"石山地藏"，顾语修辈曰："此老琛禅师也。"意欲留止，语未卒，琛又至。②

《宋高僧传》中只说"锐意接之、唱导之"，未说具体接引过程，但其中"玄沙与雪峰血脉殊异"一句可谓点睛之笔；《景德传灯录》只一节，文益便开悟，揆诸常情，似乎不太可能，盖文益并非有意专程来参访，既无信心，亦无疑情，随便一句"不知最亲切"，恐怕不能令其悟入，相比较而言，《五灯会元》的四节曲折或许更符合常情。

---

① 普济前引书卷 10，197 页上中。
② 惠洪前引书卷 4，500 页下。

第三章
文益禅师在江表一带开堂传法

第一节　文益开悟后的修行

文益在桂琛禅师处开悟，至于是否在地藏院依止桂琛禅师继续修学，则说法不尽一致。

《宋高僧传》中云："益疑山顿摧，正路斯得，欣欣然挂囊栖止，变涂回轨，确乎不拔，寻游方，却抵临川。"

《景德传灯录》中云："师豁然开悟，与同行进山主等四人，因投诚咨决，悉皆契会，次第受记，各镇一方，师独于甘蔗洲卓庵。因议留止，进师等以江表丛林欲期历览，命师同往。"

《五灯会元》中云："师于言下大悟，因议留止，进师等以江表丛林，欲期历览，命师同往。"

《传法正宗记》中云："因参琛禅师，得了法要，乃留庵于福之甘蔗洲，后复为其侣率游江表至临川。"

《佛祖历代通载》中云："游方遇罗汉琛禅师顿明大事，久之卓庵而居。"

《释氏稽古略》中云："师于言下大悟，遂依止久之。时唐潞王清泰二年（935）也，辞行至江西抚州。"

其中《五灯会元》的说法后世较为流行，似乎文益在开悟后想要留在地藏院，同行洪进等人想要游览江南丛林，拉着文益同往，于是文益就此离开了桂琛禅师，至于离开的时间则语焉不详。其他文献记载如《宋高僧传》与《释氏稽古略》中，文益并不是马上离开桂琛的，而是依止了一段时间，《宋高僧传》说"欣欣然挂囊栖止"，如果按照《释氏稽古略》的说法，直到935年，文益才离开福建，其间直到桂琛逝世的928年，文益一直依止桂琛，故有"依止久之"之说，亦即文益继续跟随桂琛参学相当长的一段时间，如果按照文益922—925年遇见桂琛的假说，文益开悟后又跟随桂琛3—6年的时间，然后可能到甘蔗州卓庵修行7年，后离开福建前往抚州，离开理由是游览江表丛林；《景德传灯录》与《佛祖历代通载》中则明确有文益未离开福建之前独自到甘蔗洲"卓庵"的说法。

从禅门修行的一般实际历程推断，文益悟后必然会依止桂琛较长一段时间。禅门初悟后，仍大有事在。禅门初悟之位次，与菩萨五十五位——十信、十住、十行、十向、四加行、十地——或唯识五位——资粮位、加行位、通达位、修习位、究竟位等如何搭配，是很难判别的一个问题。可以肯定的是，一悟而能到究竟佛地者几乎没有，一悟而能到菩萨初地者也极为罕见，是否为真见道亦不必然。禅门初悟，有的或只是能现观能取、所取皆空，发起般若正智而已，而能通达真如，如《楞伽经》所说，"知境界但是假名，都不可得，则无所取，无所取故，亦无能取，能取所取二俱无故，不起分别，说名为智。"[①]如此，则是唯识五位之"加行位"，随其境界深浅，又有暖、顶、忍、世第一法之不同：

暖者，此位菩萨初得见道火之前相故名为暖，见道体即能断烦恼，如火烧薪，故喻于火，暖位菩萨未得火体，而得火相，故名暖也；

顶者，此位菩萨依寻思智观所取空，此位功极，故名为顶，顶者极义，如山之顶上之极也；

忍者，印可达悟之义，此位菩萨知妄执识及心外境其体皆空故名为忍；

世第一法者，此位菩萨所得智等，一切世间所有法中，无先此者，名世第一。[②]

如此显然还没有到以"无漏之智了证真如"之"通达位"，亦即"见道位"。

文益在《宗门十规论》中云："理在顿明，事须渐证"，圆悟克勤说，"悟则刹那，履践工夫须资长远。"上述"四加行"正属渐证之履

① 【唐】实叉难陀译：《大乘入楞伽经》卷 4，大 16 册 162 页上。
② 【唐】澄观：《新译华严经七处九会颂释章》卷 1，大 36 册 716 页下。

践工夫；此盖由闻思增上力的缘故而得三摩地，缘此除遣所缘种种境相，而由有相转为无相清净，渐渐断除习气随眠，证得轻安与转依——转舍八识中烦恼障之种子，而转得其实性之涅槃。《瑜伽师地论》云："或入菩萨正性离生，达一切法真法界已，亦能通达阿赖耶识，当于尔时能总观察自内所有一切杂染，亦能了知自身外为相缚所缚，内为粗重缚所缚。"①此言入最初圣谛现观而得法眼，才能如实见到自身内外所缚，才能渐渐断除相缚与粗重缚。 禅门初悟是否是此"最初圣谛现观"还不好说，但正如入最初圣谛现观而后还有杂染需要渐渐断除一样，禅门初悟后，仍大有事在——烦恼习气未能净除，佛性功德未能显现，如应庵昙华禅师所说："既得这个本柄入手，切须牢把住，未可轻放下，何故？ 前头有事在，正好上门上户，求真正宗师。"②真正宗师几十年的专精修行，多有细密的心得体会，对于禅修中容易出现的一些问题也有解决的方法，正好做初悟者的导师，文益曾经说过，"遇般若之缘非小，择师资之道尤难，能自保任，终成大器。"所以禅门修行不可离师太早，否则弱羽狂飞则失利多矣。 此如钦山文邃参洞山公案云：

钦山邃参，师（洞山）问："甚么处来？"对云："大慈来。"师曰："还见大慈么？"钦云："见。"师曰："色前见、色后见？"钦云："非色前后见。"师默置，钦乃云："离师太早，不尽师意。"（法眼云："不尽师意，不易承嗣得他。"）③

① 【唐】玄奘译，弥勒菩萨说：《瑜伽师地论》卷51，大30册581页中。
② 【宋】守诠等编《应庵昙华禅师语录》卷8，续69册541页上。
③ 【日本】慧印校《筠州洞山悟本禅师语录》卷1，大47册514页中。

钦山文邃原是大慈寰中的弟子,他在大慈道场也有悟处,所以洞山问他"还见大慈么",文邃便答曰"见",以表明自己是有见地的。洞山再问"色前见、色后见",问的则不仅仅是初悟的见地,而是悟后修行践履的进境。如云门所说,"直得乾坤大地无纤毫过患,犹是转句;不见一色始是半提,直得如此,更须知有全提时节。"①洞山所问"色前见"或为云门所说之"转句","色后见"为"不见一色"之"半提"。对此文邃只是颟顸笼统地说"非色前后见"。洞山对此回答不满意,大概认为他学禅的态度不端正,于是便以"默置"处之,如此处置手段,意为文邃所谈者为"戏论",根本不值得对谈。文邃还算是良马,见鞭影而驰,马上谢罪道:"离师太早,不尽师意",从此跟随洞山参学,后来并承嗣洞山。对此文益评论曰"不尽师意,不易承嗣得他",则语带双关。故从禅门修行一般实际历程来看,文益在开悟后不会马上离开,必然会有较长一段时间依止桂琛继续深入学习"以尽师意"。

至于《景德传灯录》中所说文益到"甘蔗洲卓庵"之事,如王荣国先生考证所云:

据《八闽通志》载,侯官县"甘蔗洲,在府城西北十五都江心。……居民数百家,悉以种蔗为业,弥山亘野,岁课甚丰"。《闽书》载,侯官县"甘蔗洲,在江心。……居民种蔗为业,岁课甚丰。"《闽都记》载:"甘蔗洲,在十五都……环洲以居千家,种树艺圃,地产橄榄。向时种甘蔗为糖,故名其

---

① 【宋】守坚集《云门匡真禅师广录》卷2,大47册557页上。

洲。今无。"从以上各地方志的记载可知,甘蔗洲在明代以前就有居民,其居民以种甘蔗为业,故名其洲为甘蔗洲。《八闽通志》载,侯官县"十五都……距府城七十里。宋九功上、下二里。"《闽书》载,侯官县"十五都……宋九功上、下二里。洲曰甘蔗。"二志所载表明,甘蔗洲位于明代的十五都,此地相当宋代九功上、下二里。《三山志·地理》侯官县"石门乡"条载:"九功上里,甘蔗;下里,甘蔗。"可见,《八闽通志》、《闽书》与《三山志》所载一致:甘蔗洲在宋代侯官县石门乡九功上、下里。据史籍记载表明,五代至宋明时期,侯官县除闽国龙启年间一度更名外,其他时间其政区名未变更。显然,甘蔗洲在五代属侯官县,《景德传灯录》所载文益卓庵之"甘蔗洲"在五代时属福州侯官县。①

甘蔗洲距离地藏院很近。文益卓庵甘蔗洲,或在桂琛示寂之后。

禅者悟后,多有谢绝人世,到深山中结庵而居者。此盖要长养定慧之力,要大休大歇一番才是。所谓"休歇",即不堕情尘、不居意想、迥然超绝之谓,云居道膺禅师所谓"体得的人心如腊月扇,口边直得醭出,不是汝强为,任运如此。"此中用功夫处,如圆悟克勤禅师云:

古人以牧牛为喻,诚哉!所谓要久长人尔,直截省要,最是先忘我见,使虚静恬和任运腾腾,腾腾任运,于一切法皆无取舍,向根根尘尘应时脱然自处孤运独照,照体独立,物我一如,直下彻底,无照可立,如斩一缫丝,

_____

① 王荣国:《文益禅师在闽参桂琛的年代、因由、地点与卓庵处考辨》,《世界宗教研究》2002年第1期。

一斩一切断,便自会作活计去也。佛见法见尚不令起,则尘劳业识自当冰消瓦解,养得成实,如痴似兀。①

以此定慧力才能断除烦恼、透脱生死。所谓断除烦恼之相,如《瑜伽师地论》中所说:

烦恼断已,于可爱法若劣若胜若现在前若不现前,虽猛利见而观察之亦不染着。如于可爱而不生爱如是,于可瞋法亦不生瞋,于可痴法亦不生痴。又眼见诸色不喜不忧,但住于舍,正念正知,如眼见,色乃至意知法亦尔。又性少欲,成就第一真实少欲,如少欲如是,喜足远离,勇猛精进,安住正念,寂定聪慧亦尔。于无戏论任性好乐,于有戏论策励其心方能缘虑,如是等辈当知烦恼已断之相。②

断除烦恼为佛教大小乘之通途,为修行者"自利"部分,由此能超越忧苦及恶趣苦,而能证得现法乐住,超越分段生死而入变异生死。禅门以自所悟入处为根本,断除烦恼、超脱生死为枝叶,所谓根本既固,不愁枝叶不繁茂,便是以自所证悟处,时中照了截断尘劳,二三十年工夫纯熟,便能到"大安稳处"。此着力在行处,因而能以定慧之力回转业缘。如文益云:

见道为本,明道为功,便能得大智慧力。若未得如此,三界可爱底事,

① 【宋】绍隆等编《圆悟佛果禅师语录》卷14,大47册776页上。
② 玄奘前引书卷59,629页上。

直教去尽，才有纤毫，还应未可。只如汝辈睡时，不嗔便喜，此是三界昏乱习熟境界，不惺惺便昏乱，盖缘汝辈杂乱所致，古人谓之夹幻。金即是真，其如矿何？若觑得彻骨彻髓，是汝辈力。①

　　禅门行履，得悟心之妙，如欲出世利益人天而成"利他"之行，还需成就差别智。 所谓"差别智"，是指禅师在接引学人时所具有之眼目，学人到跟前，一搭眼、一说话就能知道来者根器、修为、目前落处，适合用什么手段，该不该放过等等，而能当机立断，杀活自在，拿捏准确，入泥入水，在一机一境上，于闪电光中别淆讹，击石火里明皂白，从而可以帮助学人抽钉拔楔，解粘去缚。 如圆悟克勤禅师说，"大凡扶竖宗教，须是辨个当机，知进退是非，明杀活擒纵。"亦如高峰原妙禅师所说，假如两个人从门外来，还没有与禅师见面，二人同时下一喝，哪一个有眼，哪一个无眼，哪一个深，哪一个浅，禅师能不能辨明得出来？ 如果能辨明，便是具有差别智，如不能辩其邪正，便是"从前得处莽卤"也。

　　禅门悟心与差别智实际上就是佛教空有二门、真俗二谛的关系，真谛非有，俗谛非无，二谛相成，不即不离，才能弘法为人。 一切不立，拂迹归空，不涉廉纤，迥然独脱，不过明得那边事，要到这边行履，便有诸多相违差别之境相需要智眼加以辨别，此诸多相违差别之相，除了上述接引学人之一端外，实际上"世俗法"整个可以概括在其中，要主持佛法，出世为人——

---

　　① 《金陵清凉院文益禅师语录》卷 1，大 47 册 590 页下。

质疑问难,当与四众疏通;偈颂言句,征拈别代法语等事,当与学人点窜而开凿,此非可以胡乱而塞责也。且三藏之鸿文,义天浩瀚,五部之戒法,律海渊宏,具在琅函,传之梵庋,岂可束归高阁,但笼统而称禅,甘作生盲,徒轻狂而傲物?法门典籍,是事模糊,治世语言,通身黯黑,叩以宗教,则左支右吾,谂以典章,则面赤语塞,开口则鸣同野干,扪舌则丑类哑羊,辄欲冒衣拂,踞曲盝,自称杨郑,诳謼闾阎,曰某宗某派也,岂不惭愧杀人也哉?①

"盝"是古代小型妆具,呈方形,盖顶四周下斜,故称"曲盝",多用作藏香器或盛放玺、印、珠宝等贵重物品,在佛门,其中存放的可能是朝廷颁发的聘请方丈、主持的聘书之类。 "冒衣拂,踞曲盝"便是长老主持佛教的意思。 如果不具备差别智,不通世间法,禅寺中的这个位置还是很难坐的。

禅门一向有 "涅槃心易会,差别智难明"的说法,个人想要透脱生死,但具正知见而能得个入处,用上二三十年的功夫则庶几矣。 要真正具 "大眼目"、"大手段",在所谓 "言意藏锋,金磨玉碾而不露,有无交结,蛛丝蚁迹而难通"②中辨明缁素皂白,绝非易事。 所以黄檗禅师便感慨云, "大唐国内无禅师",又说, "不道无禅,只道无师",并举例说,马祖门下有八十八人坐道场,其中 "得马师正眼者止三两人"而已,并批评说,四祖门下牛头融大师 "横说竖说,犹未知向上关棙

---

① 【明】戒显:《禅门锻炼说》卷1,续63册783页下。

② 同上。

子，有此眼脑方辨得邪正宗党。"①所以说，禅门开悟修行固然不是一件容易的事情，而能出来一位具眼宗师更是极其难得之事。所以文益在《宗门十规论》中说，"文益幼脱繁笼，长闻法要，历参知识，垂三十年，而况祖派瀚漫，南方最盛，于焉达者，罕得其人。"其中所谓"达者"，应该是说真正具眼的宗师。在文益看来，真正的宗师应该"知血脉"、"具宗眼"，如文益《宗门十规论》中云：

夫欲举唱宗乘，提纲法要，若不知于血脉，皆是妄称异端。其间有先唱后提，抑扬教法，顿挫机锋，祖令当施、生杀在手，或壁立千仞、水泄不通，或暂许放行、随波逐浪，如王按剑、贵得自由；作用在于临时，纵夺犹于管带，波腾岳立，电转风驰，大象王游，真师子吼。多见不量己力、剩窃人言，但知放而不知收，虽有生而且无杀，奴郎不辨、真伪不分，玷渎古人、埋没宗旨，人人向意根下卜度，个个于阴界里推求，既懵于触目菩提，只成得相似般若。②

《大明高僧传》中亦云：

凡为人师者须具二种法方堪坐曲彔床；一先明己眼；二鉴机病源。若己则未明，自尚扸枷带锁，胡能为人解粘去缚？不识病源未免佣丑杀人之陋。所以久依炉鞴不能脱胎成器者，非学人之罪也。③

---

① 道原前引书卷9,266页下。
② 【唐】文益：《宗门十规论》，续63册73页中。
③ 【明】如惺：《大明高僧传》卷6，大50册923页中。

　　禅者开悟后而具有差别智，能成长为能为人解粘去缚的具眼宗师，还是从"吃折脚铛中饭底工夫"处得来。 如圆悟克勤禅师在《碧岩录》中所说：

　　曹洞下有出世不出世，有垂手不垂手。若不出世，目视云霄，若出世，便灰头土面。目视云霄即是万仞峰头，灰头土面即是垂手边事。有时灰头土面即在万仞峰头，有时万仞峰头即是灰头土面。其实入廛垂手，与孤峰独立一般，归源了性与差别智无异，切忌作两橛会。所以道，垂手还同万仞崖，直是无尔凑泊处，正偏何必在安排，若到用时，自然如此，不在安排也。①

　　所谓"垂手入廛"，便是出世为人；所谓"万仞峰头"，便是独自修行。 圆悟认为，"归源了性与差别智无异，切忌作两橛会"，也就是说，见性的功夫愈是深入，则差别智愈是深刻，"垂手还同万仞崖"，"垂手"的方便是从"万仞崖"的刻苦修行处得来，亦即高峰原妙所说从"吃折脚铛中饭底工夫"处得来——"直须参到大彻之地，亲见亲证，明得差别智，方能勘辨得人，方能杀活得人，此是吃折脚铛中饭底工夫做到，未易以口舌争胜负也。"② "铛"是做饭用的一种平底浅锅，"折脚铛"便是一种破锅。 这是形容禅者在深山幽谷之间灰心泯志、刻苦修行的生活状态。 如圆悟所说："古人得旨之后，向深山茆茨石室，折脚铛子煮饭吃十年二十年，大忘人世，永谢尘寰。"又说，"古人得

────────────

① 【宋】圆悟克勤：《碧岩录》卷 5，大 48 册 180 页下。
② 《高峰原妙禅师语录》卷 2，续 70 册 700 页上。

旨之后，多深藏不欲人知，恐生事也；抑不得已被人捉出，亦不牢让，盖无心矣。"①也是文益当年卓庵甘蔗洲的真实写照。

除了个人卓庵艰苦修行外，文益应当还有"温研积谂"的为学功夫，而为学也有内外之分，内学则是佛教经论、诸方语录、著述等，外学则包括诗书六艺、春秋史学、诸子百家等，"非内则本业不谙，出世何以利生？ 非外则儒术无闻，入世不能应物。"②没有这样的学养积累，则难免空疏寡学、闇钝无知之讥，亦无法服天下缁素之俊杰。

另外，文益还有可能在卓庵甘蔗洲期间外出到各处特别是南方参访。 如文益《宗门十规论》中说"文益幼脱繁笼，长闻法要，历参知识垂三十年。 而况祖派瀚漫，南方最盛，于焉达者，罕得其人。"文益判定南方禅师中"达者""罕得其人"，且说自己参访善知识垂三十年，假定从公元909年文益25岁出来参禅算起，到桂琛去世之928年，不过才20年。 故笔者认为，文益卓庵甘蔗洲期间，除了修行禅定之外，还有可能常常外出参访知识。 也就是说，在桂琛去世之后（928）到文益出山（笔者认为是在935年）的七年间，文益大概的行踪是，或者在甘蔗洲卓庵禅修，或者栖止于漳州罗汉院、福州城西地藏院，或者到南方禅林参访。

综上所述，文益开悟后先是依止桂琛经年，然后又到甘蔗洲卓庵多年，其间可能到各处参访。 文益后来在抚州崇寿禅院出世，短短几年即聚徒千人，很快引起了丛林乃至江表一带统治者的关注，并道行江南，开创法眼一宗，皆在于文益悟后修行笃实，渐入玄奥，不仅悟境深

①　绍隆前引书卷14、15,777下,784页中。
②　戒显前引书卷1,783页上。

邃，而且差别智慧极其深刻，故能于一言一境上开发人天，锻炼龙象。文益深厚的学养、过人的智慧，都是在福建打下的基础。

前面提到，《释氏稽古略》中曾明确说及文益离开福建前往江西抚州的时间为后唐末帝清泰二年（935）。笔者认为，这是很有可能的。因为我们注意到，后唐清泰二年还曾发生另外一件与文益密切相关的事情，即桂琛的舍利塔建成完工了。《景德传灯录》云：

师后唐天成三年戊子秋复届闽城旧止，遍游近城梵宇已，俄示疾数日，安坐告终，寿六十有二，腊四十。茶毗收舍利建塔于院之西隅，裹遗教也，清泰二年乙未十二月望日入塔，谥曰真应禅师。①

《宋高僧传》的记载大致相同。巧合的是，天成三年（928），福建三位禅宗高僧相继谢世，其余两位是漳州保福院从展禅师（三月二十一日）②和扣冰古佛（十二月二日）。桂琛928年秋天入灭，七年后即935年舍利入塔安放。因为建塔工程浩繁，延迟七年建成是正常的事情。从情理上说，作为桂琛的得法高弟，从桂琛辞世、茶毗至建塔、舍利入塔，文益、休复悟空、修山主等人应当是始终主持或者参与其事者。

---

① 道原前引书卷 21,372 页上。

② 从展禅师（867—928），雪峰嗣法弟子。《景德传灯录》中云："唐天成三年戊子示有微疾……跏趺告寂，即三月二十一日也。"不过同书中云，"师（桂琛）住地藏时，僧报云：保福和尚已迁化也。师曰：保福迁化，地藏入塔。"按这一说法颇令人费解。此事当发生在从展去世的 928 年三月底、四月初，半年后桂琛去世，此时桂琛当主持漳州罗汉院而非"住地藏时"。笔者另有一猜测：可能在 928 年的三月份，桂琛恰好离开漳州回在福州地藏院小住，同城（漳州）保福禅院的从展禅师去世，于是有僧人前来福州地藏院向桂琛报丧，后世不察，或误写为桂琛"住地藏时"。由此可见，桂琛离开福州后，地藏院并未易主，很有可能仍由桂琛主持；桂琛说自己"入塔"，显见提前半年已对身后事有所安排。

另有待考辨者是桂琛舍利塔建在何处的问题①。灯录中说"荼毗收舍利建塔于院之西隅",未说明是在福州地藏院还是漳州罗汉院。从上下文语序来看,笔者倾向于认为是在福州地藏院。桂琛预感到时日已至,故在928年秋天回到福州"旧止"——地藏院,到生前曾经驻脚参学的福州附近各处道场游览一番,《宋高僧传》则说"遍玩近城梵宇","玩"字令人玩味,桂琛对于旧地感情之依依可见一斑,盖在福州曾遭受多年挤压,当年颇有道友不计利害而加以救护、帮助者,此情殷殷,让人感怀,今一期因缘谢灭在即,岂可不一一珍重道别?

"俄示疾数日,安坐告终",即游览完毕就生病了,几天后去世。这一切都是发生在福州地藏院内。福州离漳州300多公里,福建秋季天气炎热,弟子们安排灵柩运回漳州并非不可以,但终究是很费力的一件事情。如果非要回去,老和尚就有些折腾人了——跑到福州去世,再让人把他拉回漳州去,不太像是高僧行径。故整体来看,桂琛已知时日将至,故选择去世前几天来到福州地藏院,遍览各道场,或与旧友道别,然后在地藏院逝世,遗命弟子"勿遵俗礼,而棺而墓"。弟子们在地藏院东岗荼毗,院西隅建舍利塔,故下文曰,"禀遗教也"。盖桂琛在福州住了三十几年,到漳州不过三年,对于福州感情更为深厚,故遗

---

① 新编《漳州市志》宗教卷云:"桂琛……后唐天成三年(公元928年)去世,火化后,建塔于闽城西院之东岗,骨灰收于塔中。"是说桂琛舍利塔是在福州地藏院,"西院"之说其实并不确切。漳州籍佛教学者林子青先生民国时期著《大觉怀琏禅师传》中云:"桂琛为玄沙师备法嗣,初居福州地藏院,后往漳州罗汉院,故后世称地藏琛或罗汉琛。……琛塔在漳州北门外芝山后二里处。民国二十六年四月九日,予与会泉……诸公前往扫塔。"则至迟在民国时期,桂琛塔仍在漳州芝山,据说后在文革中被毁。林先生所见"桂琛塔",是否就是928—935年间建成的舍利塔,尚待考据。笔者认为桂琛塔应该是在福州,不过根据相关文献所做推论而已。

命在福州地藏院建塔。① 桂琛舍利塔建造了七年，即从 928 年秋天开始设计动工到 935 年 12 月入塔完工，所以文益也在福州附近的甘蔗洲卓庵七年。

故笔者认为，从 928 到 935 年这七年间，文益大部分时间应该都是在甘蔗洲卓庵，个中原因，一是文益需要安心禅修，二是甘蔗洲离着福州城西地藏院也不算远，建塔事宜，照应、安排起来也比较方便。等到桂琛舍利入塔安放完毕，文益才离开生活、修行了 26 年的福建，前往江西抚州。

第二节 文益在抚州开堂弘法

文益悟道后的大概十年时间中，先是依止桂琛禅师，然后到甘蔗洲卓庵。约在 935 年底，应同修洪进等人的邀请，一起到"江表丛林"历览。"江表"是指长江以南地区，从中原看，地在长江之外，故称"江表"，主要包括江浙一带，这是中国佛教信仰最为兴盛的区域。福州离着抚州四五百公里，是文益等人出福建进入江西后必经之地。就是在抚州，文益出山开始弘传禅法，影响越来越大，后来进入江南一带的核

---

① 还有一种可能是，桂琛舍利分为两份，另有一份运回漳州建塔。福州地藏院建塔是桂琛的遗愿，漳州建塔则可能出自信众的恳求。另有人在漳州见到"一帧古墓塔老照片"，据说桂琛墓塔照片：墓冢为圆形塔式，后筑有龟形护墙，以石条和纹砖垒砌，沿山势自上面下建有三级墓埕，上层墓埕护墙上左右立一对石狮，墓碑有刻字，上方左右镌刻"敕建"、中间为"钦赐"，石碑下方字为竖排，中间两排尚可分辨出"罗汉桂琛禅师 加封本觉阳真"字样。见 http://www.zat-pw.com/www。

心地域——金陵（南京），成为国主敬重的一位大禅师，进而开创法眼一宗。应该说，文益宣教事业的发轫点，便是在抚州。这一年，文益五十一岁。

抚州风景优美，人文鼎盛，佛教信仰氛围浓厚。城内著名的佛教景观是"谢灵运译经台"，位于离城四里的东南方，传说是刘宋元嘉初年临川内史谢灵运修订、润色旧本《涅槃经》的地方。而在《广弘明集》和《法苑珠林》中，"抚州行像"曾是一件轰动一时的异事，如《法苑珠林》中的记载云：

唐显庆四年，抚州刺史祖氏，为亢旱故请祈无效。有人于州东山见有行像，莫测其由，将事移徙，铿然不动，风声扇及，远近同趣。有潭州人云彼寺失之，乃在此耶？寻其行路，乃现二迹，各长三尺，相去五百里。刺史以亢炎既久，便往祈请，尽州官庶香华，步往二十里许，泣告情事，勤至弥甚，使三人捧之，飘然应接，返还州寺，随路布云，当夕霈下，遂以丰足。今在抚州。①

事件发生在 659 年，因为一场干旱，刺史求雨无功，结果有潭州的佛像"跑"到了抚州，而且带来了一场及时雨。从这件事情可以看出，唐代抚州佛教信仰有着非常厚实的的群众基础。

抚州与中国禅宗渊源颇深。六祖慧能曾有一位弟子到抚州传法，名叫净安，可惜禅史灯录中并无他的事迹或语录。唐玄宗开元年间，

---

① 【唐】道世：《法苑珠林》卷 14，大 53 册 392 页上。

禅宗之道大行于天下。 造成这一兴盛局面的是两位禅宗大师，一位是湖南的石头希迁，一位是江西的马祖道一（709—788），他二人又都是六祖慧能的再传弟子，后世禅宗子孙，几乎都是出自他二人的门下，禅宗五家之中，临济与沩仰出自马祖一系，曹洞、云门与法眼出自石头一系。 马祖当年曾驻锡抚州，如《景德传灯录》记载：

　　始自建阳佛迹岭迁至临川，次至南康龚公山，大历中，隶名于开元精舍。①

　　临川即抚州。 马祖住在抚州哪座寺庙，史籍中并无明确说明，住了多少年，亦无明文，笔者猜测，马祖在抚州居住的时间或在十年以上。 马祖得怀让禅师心印后，天宝初年（742 年以后），先是在建阳佛迹岭传法，然后迁至抚州，再迁至南康龚公山，代宗大历四年（769），隶名钟陵开元寺，20 年后（真元四年，788 年）入灭。 也就是说，马祖开悟后，在建阳、抚州、南康三地共住了 27 年左右。《宋高僧传》记载，超岸禅师天宝二年（743）"至抚州兰若，得大寂（马祖）开发"，如果此记载属实，那么马祖在福建建阳佛迹岭大概只住了一年时间②，然后就来到抚州，这样马祖在抚州及南康居住的时间有 26 年之久，所以在抚州居住十年甚至更长时间是很有可能的。

　　马祖在抚州时，已有弟子跟随参学，除超岸外，《宋高僧传》还记

---

　　① 道原前引书卷 6，245 页下。
　　② 《建州弘释录》："（道一）后入闽，居建阳之佛迹岭，时闽中诸释久滞权渐，忽闻顿旨，翕然趋向……七闽禅学实师为之肇云。"续 86 册 554 页中。

载道通在建阳即跟随马祖修学，并随从来到抚州。后道通至紫玉山驻锡，"故相国于頔最所归心，尚书李翱礼重焉。"马祖还有一位抚州籍弟子是石巩慧藏。他本是一位猎人，因追逐鹿群从马祖庵前经过，与马祖交谈后，用刀截发，投马祖门下出家。

综上所述，马祖曾在抚州传禅，而且在历史上有一定的影响力。由此可见抚州与中国禅宗颇有渊源。到了唐末五代初期，抚州成为一处天下知名的禅修重镇。这和曹洞宗门下的两位杰出禅师有关。

唐末抚州最著名的禅师是曹山本寂（840—901）。他本是泉州莆田人，19岁时在福州福唐县灵石山出家，在洞山禅师处开悟并受认可后，先往曹溪礼拜六祖塔，然后回到江西。至于其去处，灯录中的记载并不一致，《宋高僧传》记载云：

寂（在洞山）处众如愚发言若讷，后被请，住临川曹山，参问之者堂盈室满，其所酬对，邀射匪停。①

《景德传灯录》云：

遂辞（洞山）去，随缘放旷，初受请止于抚州曹山，后居荷玉山，二处法席学者云集。②

此二书都说本寂直接来到抚州曹山，没有提及他到曹溪礼拜之事，

①　赞宁前引书卷 13，786 页中。
②　道原前引书卷 17，336 页上。

《景德传灯录》补充说明，本寂先住抚州曹山，后来迁到抚州的荷玉山。 但是在《五灯会元》，本寂所居"曹山"不在抚州，而是在吉州——

　　遂往曹溪礼祖塔，回吉水，众向师名，乃请开法，师志慕六祖，遂名山为曹。 寻值贼乱，乃之宜黄，有信士王若一舍何王观请师住持。 师更何王为荷玉，由是法席大兴，学者云萃，洞山之宗，至师为盛。①

　　《释氏稽古略》记载相同。 按此记载，本寂所住曹山不在抚州，而且本无曹山之名，本寂因为倾慕六祖，而起名为曹山。 后来迁到抚州南部的宜黄，居住在荷玉山。 这样，本寂所住曹山究竟是在吉州还是抚州似乎便成了一个问题。

　　笔者倾向于认为，曹山应该是在抚州而非吉州。 除《宋高僧传》、《景德传灯录》成书年代早于《五灯会元》因而更有权威性之外，还有以下两则证据：

　　韦监军来谒，举曹山和尚甚奇怪。 师（玄沙）乃问："抚州取曹山多少？"韦指傍僧云："上座曾到曹山否？"曰："曾到。"韦曰："抚州取曹山多少？"曰："一百二十里。"韦曰："恁么即上座不到曹山。"（《景德传灯录》）

　　光化二年，抚州言：曹山有梵僧群集山顶，乡民追之，皆飞行而去，遗其笠，制甚奇古。 勅于其地建荷玉禅寺。（《佛祖统纪》）

------

① 【宋】普济：《五灯会元》卷 13，续 80 册 264 页。

　　按上一条之记载，曹山是在抚州管辖境内，离着抚州城有 120 里。按下一条记载，本寂后来所迁之荷玉寺，就在曹山山顶，不过是新创的一座禅寺而已。 本寂在抚州曹山及其后（899）新建的曹山山顶之荷玉寺传禅，聚集门徒千人，当时影响非常大，尤其是曹洞宗"五位君臣"等"铨量区域"，更是名播寰宇。

　　唐末抚州还有一位著名禅师名叫光仁，他也是洞山法嗣，因为身材矮小而被称为"矬师叔"，在洞山会中声誉甚著，被誉为有"啮镞之机"，"诸方三昧可以询乎矬师叔问"，后住抚州疏山，天下丛林知名。《宋高僧传·梁抚州疏山光仁传》云：

　　释光仁，不知何许人也，其形矬而么么，幼则气概凌物，精爽殆与常不同。早参洞山，深入玄奥，其辩给又多于人也。尝问香严禅师，答微有偏负，曰：某累茧重胝而至，得无劳乎？唾地而去。后居临川疏山，骎客趋请，颇有言辞。著四大等颂略华严长者论行于世，终入龛中，已有白鹿至灵前屈膝而起，时众谓为作吊焉。[1]

　　本传中称本仁为"梁抚州疏山光仁"，则光仁至少在梁代唐后之开平年间（907—911）还在世。 唐末五代之初，抚州有曹山本寂、疏山光仁出世传法，聚集了众多禅者，抚州遂成为一处比较重要的禅宗修学中心。 云门文偃禅师（864—949）以及文益著名弟子德韶（891—972）都曾经在此地参学过，而且时间也都比较长。

---

　　① 赞宁前引书卷 13，785 页。

　　文益最重要的弟子德韶在抚州光仁禅师处参学多年。圆悟《碧岩录》中云：

　　是时佛法大兴，时韶国师久依疎山，自谓得旨，乃集疎山平生文字顶相，领众行脚。至法眼会下，他亦不去入室，只令参徒随众入室。①

　　是说德韶在抚州疎山门下参学很久，而且俨然是疎山的得法弟子，光仁入灭后，德韶领众行脚，到文益会中参学。《景德传灯录》亦说到德韶曾随疎山参学过，不过并没有强调疎山与德韶间的师承关系，另外还明确说德韶参访文益是在抚州（临川）：

　　后梁开平中游方，诣投子山见大同禅师，发心之始也，次谒龙牙、疎山，各有机缘，历五十四员知识，皆不契，后之临川，谒净惠（慧）益公，一见深器之。②

　　德韶参访的居遁禅师原籍是抚州南城人，也是洞山的传法弟子，大概和慧稜移居长庆院同时（909 年前后），住湖南龙牙山开法，门下徒众常有五百余人，也是当时天下知名的大禅师。

　　抚州开堂传法的著名禅师另有月轮，他是福州福唐人，黄檗山出家，为夹山之嗣，先住抚州龙济山隐居，后至黄山开堂 13 年，后唐同光三年（925）示灭。大概十年后，文益同参绍修曾住龙济山，后来文益

---

　　① 圆悟克勤：《碧岩录》卷 1，大 48 册 147 页下。
　　② 【元】念常：《佛祖历代通载》卷 18，大 49 册 656 页下。

弟子良匡又住黄山演法。①

总之，唐末五代初期，抚州可以称得上是中国禅宗修学的重镇之一。 当时抚州著名的禅宗道场便是本寂主持的曹山、荷玉山以及光仁主持的疎山，随之参学的禅者不在少数，而且像文偃、德韶等人都曾在抚州参学过相当长的时间。 不过文益在935年后游方来到抚州时，老一辈的著名禅师早已逝去多年，曹山本寂逝于十世纪初，疎山光仁稍晚一些，但估计也已故去十年以上。 接踵主持上述道场的是他们的弟子，例如主持曹山道场的是慧霞禅师，主持荷玉山的是光慧禅师，另有从志禅师主持抚州金峰山道场，他们三人都是本寂的得法弟子，而且都荣膺"大师"称号，如慧霞是"了悟大师"，光慧是"玄悟大师"，从志是"玄明大师"。 主持疎山道场的是证禅师，是光仁的传法弟子。 这说明，本寂及光仁去世后，或者说一直到文益到来前后，抚州禅宗道场依然非常活跃，而且与当时江西地区的政治权力中心金陵一直有较为密切的关系。

曹山第二代弟子三人荣膺"大师"称号，从志禅师后来迁住金陵（南京）报恩院，并在那里去世。 从他们生活的时代及地域上判断，这极有可能是徐氏父子特别是徐知诰所予以的封敕。② 天祐二年（905），杨行密占据洪州（南昌）；天祐六年（909）六月，抚州刺史危全讽率抚州、信州、袁州、吉州十万之众进攻洪州，七月失败，八月，淮南杨氏军事集团"尽有江西之地"，抚州也被纳入其版图。 淮南实际

---

① 100多年后，北宋法安禅师（1023—1084）曾来到抚州黄山，见到"如意院败屋破垣无以蔽风雨"，便花费十年功夫加以修复。则月轮、良匡所住黄山道场名称可能是"如意院"。

② 《祖堂集》云："于辛亥岁敕诏，再三辞免，赐号玄悟禅师矣。"说赐号是在929年。从志是福州古田县人，初住抚州金峰山，后住金陵报恩寺。

权力已经被徐温、徐知诰父子所控制，天祐十六年（919），杨隆演被立为吴国王，建都江都（扬州），而徐氏父子的权利中心是在昇州（南京）。927 年，徐温死后，其养子徐知诰掌握了吴国统治权。937 年，徐知诰篡吴称帝，建都金陵（南京）。919 年，徐知诰参知政事，在府署中立"延宾庭"，以待多士，"由是豪杰翕然归之"，并且派人在淮上等待北方来的名贤耆旧，"赍以厚币"，"縻之爵禄"，结果，"北土士人闻风至者无虚日。"①徐知诰与佛教颇有渊源。在抚州的曹山二代弟子中，三人荣膺"大师"称号，可能是徐知诰所予以的封敕。从中我们不难发现：抚州佛教特别是抚州的禅宗在江西地区占有重要地位，吴国（以后是南唐）政治权力中心金陵（昇州）与抚州佛教一直保持着某种密切的互动关系。

这是文益来到抚州时的政治环境。

文益二十五岁左右入闽，先是在福州跟随慧稜参学，后来在桂琛禅师处开悟，并依止多年，然后又到甘蔗洲卓庵多年。大概在 935 年底五十一岁时，受同修洪进等人的邀请，可能与休复、绍修等人一起游方，准备观览"江表"丛林。这时江表地区正是徐知诰当政时期，政治修明，"修兵息民，生产逐渐得到恢复和发展，成为五代时期少数经济文化比较发达的地区之一。"②如果按文益 909 年二十五岁时入闽算起，到 935 年间离开而来到江西抚州为止，文益在福建共住了 26 年的时间。可以说，文益人生中最重要的二十多年是在福建度过的，他在这里参学、悟道、修道，禅宗悟境日渐深入而臻于化境，并积淀了极其深

① 【清】吴任臣：《十国春秋》卷 15，第 186 页，中华书局 1983 年版。
② 白寿彝主编：《中国通史》第 7 卷上，第 102 页，上海人民出版社 1999 年版。

厚的学养。 福建二十多年的学习生涯为文益在抚州及金陵的开法奠定
了坚实的基础,而在某种意义上说,文益到抚州之后的三十年间,所开
创出的江表丛林中盛极一时的法眼宗,是五代前期禅法兴盛冠天下的福
建佛教培育出来的一朵禅宗奇葩。

至于文益来到抚州居住崇寿寺开堂的情形,禅史灯录中的记载都颇
为简略,如《宋高僧传》云:"寻游方,却抵临川,邦伯命居崇寿。"
《景德传灯录》则云:"至临川,州牧请住崇寿院。"《释氏稽古略》
云:"辞行至江西抚州,州牧重师之道,请住崇寿院。""邦伯"或"州
牧"即抚州刺史,请文益"住"崇寿院开堂说法。

文益所住崇寿院是抚州一处禅宗道场,名望当然比不上曹山、荷玉
山及疎山。 文益到来之前,龙牙居遁禅师的弟子道钦住此,灯录中并
无道钦事迹语录的记载,不过从另外一则资料我们可以猜测崇寿院当时
还是聚集了一些禅僧的,如《云门匡真禅师广录》中云:

　　鼓山有小师,久在崇寿,却归岭中,到保福处相看,福知来,却入帐子
内,衲衣盖头坐,僧云:"和尚出汗那?"不对。①

保福即前文所说从展禅师,梁贞明四年至唐天成三年(918—928)
在漳州开法,说鼓山禅僧久在崇寿,或可间接说明文益到来之前,居遁
弟子道钦禅师主持的崇寿禅院是聚有一些禅僧的,不过规模似乎不太
大。 居遁禅师在龙德三年(923)九月去世,文益在935年来到抚州

---

①　守坚前引书卷 3,568 页中。

时，道钦禅师或者刚刚去世，或者刚刚退院。总之，我们猜测，崇寿禅院主持位置出现了空缺，所以抚州刺史才邀请文益出山担任主持的。

不过在古代由政府出面邀请僧人担任禅院的主持并非一件小事。文益毕竟是一个游方僧人，与抚州佛教界并无太深的交情，之前又一直在隐修，名闻不彰，抚州刺史为什么舍弃本地禅僧而邀请一位游方僧人担任主持呢？

关于这个问题，灯录中的所有记载都语焉不详。我们只能做如下猜测：

（一）文益在甘蔗洲卓庵期间，曾有到南方各处参访的经历，其禅悟日臻玄奥，见地自然不俗，或者早已引起禅林老宿的关注与欣赏，进而有所举扬、奖掖，因而抚州丛林已知其名，故敦促州牧邀请文益出任崇寿寺主持。

（二）文益到抚州游方，因为抚州是禅宗修学的重镇之一，尤其曹洞宗第三代尊宿，有不少在此开堂传法，文益必然要去拜访、参学，而有因缘语句，惜乎灯录不载。文益开悟后经过多年修行，识见非同凡响，因而得到抚州洞宗第三代尊宿的赏识，恰好又赶上崇寿禅院主持空缺，在诸尊宿的推荐下，"州牧重师之道，"才邀请文益在崇寿禅院开堂传法。

当然，这都只是一种猜测之词。

对于"登法王高广之坐"，文益一直是慎之又慎的，如他在《宗门十规论》中所批评的：

但知急务住持，滥称知识，且贵虚名在世，宁论袭恶于身，不惟聋瞽后人，抑亦凋弊风教。

又说：

　　且如天下丛林至盛，禅社极多，聚众不下半千，无法况无一二。其间或有抱道之士，洁行之人，肯暂徇于众情，勉力绍于祖席，会十方之兄弟，建一处之道场，朝请暮参，匪惮劳苦，且欲续佛慧命，引道初机，非为治激声名，贪婪利养，如钟待扣，遇病与医，澍法雨则大小无偏，振法雷则远近咸应，其荣枯自异，动蛰差乖，固非选择之情。

　　其中从"肯暂徇于众情，勉力绍于祖席"一句，似乎可以看出文益当年在抚州出山的心情，而"续佛慧命，引道初机，非为治激声名，贪婪利养"则是文益的志愿；抚州是一处禅宗修学中心，聚集了不少禅僧，对于文益来说，在此开堂传法，也算是一个不错的机缘。

　　文益在抚州崇寿禅寺开堂升座的情形，如《景德传灯录》所记载的：

　　初开堂日，中坐茶筵未起，四众先围绕法座。时僧正白师曰："四众已围绕和尚法座了。"师曰："众人却参真善知识。"少顷升座，大众礼请讫，师谓众曰："众人既尽在此，山僧不可无言，与大众举一古人方便，珍重。"便下座。时有僧出，礼拜，师曰："好问着。"僧方申问次，师曰："长老未开堂，不答话。"①

　　按照《百丈清规》中有关"开堂"的礼仪规定，开堂朝命下达后，禅寺决定具体日期，并递送请疏，张贴茶汤榜，到时候地方官员及诸山长老前来观礼随喜。寺庙鸣鼓集众，维那宣读开堂公文，首座宣读山门疏，然后请住持出来。主持接过诸山江湖疏以及"现任官员请开堂疏"，指法座有法语，登座，拈第一炷香祝圣，再拈香为郡县文武官僚拈香，如果这座寺庙是哪位施主发心修建的，也要为他"拈香"。"拈香"主要是表信兼感恩，如《祖庭事苑》所说，"世典所谓'人而无信不知其可也'；曰'大车无輗，小车无軏，其何以行之哉'，是以释氏之作佛事，未尝不以拈香为先者，是所以记香而表信。"②又说，"今开堂长老必亲拈香者，以所得之法，必有所自，所行之道，其外卫者，必藉乎王臣，俾福慧双资，必图报于此日。"③所拈之香，都是由侍者在旁边递给开堂禅师，禅师接过插在香炉中；唯有"法嗣香"，住持需要自己从怀中拈出，自己插香炉中，或者会祝道："此一瓣香，爇向炉中，奉为某某禅师，用酬法乳之恩。"烧香祝祷完毕，两班出列问讯。

　　文益在崇寿院开堂，大概也是这么一个仪式。不过好像礼仪没有完毕，大家已经围绕在法座前，想听文益说法了。

　　文益就这样在崇寿禅院升座开堂了。跟随文益一起游方的同修，休复悟空禅师可能一直跟文益在一起，后来文益离开抚州前往金陵，休

① 道原前引书卷 24，398 页中。
② 【宋】善卿：《祖庭事苑》卷 8，续 64 册 430 页下。
③ 同上。

复曾接任崇寿禅院主持，不久也跟着到金陵去了。绍修禅师在文益住崇寿后，到抚州龙济山安禅，本来不想聚徒，但是不久"学者奔至"，从此成为抚州另一处禅修道场，《景德传灯录》曾记载其一则机缘语录云：问："如何是学人常在底心？"师曰："还曾问荷玉么？"曰："学人不会。"师曰："不会，夏末问曹山。"从中可以看出，绍修在龙济山传法，与此同时，荷玉山、曹山两处禅宗道场仍旧有禅师主持传法，此时文益或仍在抚州，或者已经离开。

绍修禅师在抚州开堂的时间，元代行秀《请益录》界定为"后唐永和初"：

眼既住崇寿，修随众淘汰言句，放旷游处。后唐永和初，十数禅人坚请令住龙济山之宝峰岩，修虽不务聚徒，而徒自至，提训之眼，作诸章句，盛行于世。一日上堂道：具足凡夫法，凡夫不知，凡夫背觉合尘，迷己逐物，具足凡夫法，凡夫不知。具足圣人法，圣人不会，圣人若会，即同凡夫，凡夫若知，即同圣人。①

可见绍修先是和文益同住崇寿寺，后来"放旷游处"，被邀请在抚州龙济山开堂，时间是在后唐永和初年。所谓后唐"永和"年号，这种说法实际上是不确切的，这个时候后唐年号仍是"清泰"，"永和"是闽帝惠宗王延钧的年号，且只使用了两年，即935—936年，936年王延钧就被乱兵杀死了。那么绍修在抚州龙济山开堂的时间或在文益一行

---

① 【元】行秀：《请益录》卷1，续67册478页下。

到抚州后的次年即 936 年。

　　"师唱谁家曲，宗风嗣阿谁？"这是禅林中对堂头和尚惯用的一句问话。开堂传法，是要有师承的，这实际上是保证所传禅法纯正的一种表示，"嗣法乃出世大事因缘，上续佛祖慧命，下开后学智眼，差之毫厘，失之千里，苟少差迟，自误误他，其害非细。"①文益对当时的禅林风气曾有"相继子孙，护宗党祖"的感慨，不过由此也可以看出禅林中对师承关系的重视。但是悟道之事只在心行，如万松行秀所说，"此事不在多年，也不在久学，如一宿觉、高亭简，岂可外人评量？"②万松所说"一宿觉"即永嘉玄觉禅师，他在六祖那里印心，只住了一个晚上就离开了，后来承嗣六祖；简禅师一次外出，隔着一条江见到德山禅师，简禅师远远地合掌问讯，德山摇着手中扇子打招呼，突然间高亭简就开悟，横趋而去，更不回顾，后来在襄州高亭开法，承嗣德山。故此事只是心知肚明之事，外人真的无从评量，只能任凭个人心中认可。日本学者忽滑谷快天认为，"禅家嗣法之大事，在师资冥契不待言，然亦有多由学人之决意而定者。"③不过说是在谁那里开悟而承嗣之，法身慧命由此而生，这是一种出世因果，丝毫错讹不得，否则也是有业果报应的，如北宋丛林中流传的"觉上座"嗣法故事可以说明这一点。觉上座本来是五祖法演点拨开的，后来见法演门庭冷落，便转嗣长芦应夫禅师，开堂为长芦拈香时，忽如有物捣胸，痛极成疮，不久就去世了。禅林以为是不识因果、不知来自所致。

---

① 【清】道霈：《还山录》卷 2，续 72 册 656 页下。
② 【元】行秀：《从容庵录》卷 4，大 48 册 267 页上。
③ 忽滑谷快天著，朱谦之译：《中国禅学思想史》第 352 页，上海古籍出版社 1994 年版。

　　文益在抚州崇寿禅院开堂传法,自然不能回避师承问题。如忽滑氏又云:"六祖以后绝信衣相传之故,嗣法单存于主观,无客观相传之物,是以师亲言明付法于资者有之,如叶县归省付法于浮山法远,然学人参诸方有所得,嗣承何人不明者多,因此例至出世开堂始公言其师承。"①文益在福州长庆院跟随慧棱参学多年,然后偶遇桂琛而开悟,从行迹上看,文益还是在长庆院跟住慧棱参学的时间比较长(13年或16年),跟随桂琛时间较短(3年或6年),而且慧棱在丛林中的名气远非桂琛所能比拟,如果嗣法慧棱,世法上或许会有利的多。但是法身慧命由师之力而得开发,此恩德之厚重甚至过于天地、父母,安敢萌生背师之心耶? 故桂琛虽遭神晏胁迫仍旧坚持嗣法玄沙,文益抚州开堂,必然要说明师承,"法嗣香"为桂琛而爇,亦即自承禅道法脉传自桂琛,这一来便引起了争议。《联灯会要》云:

　　长庆会下有子昭首座,平昔与师商确古今,心中愤愤,一日领众远诣抚州责问于师。师举众出迎,特加礼待。主宾位上,各挂拂子。茶罢,昭忽变色问云:"长老开堂,的嗣何人?"

　　师云:"地藏。"

　　昭云:"何太辜长庆先师! 某甲同在座下,商确古今,曾无间隔,因何却嗣地藏?"②

　　子昭首座率众前来问难,认为文益嗣法桂琛,是辜负了"长庆先

---

　　① 同上,第417—418页。
　　② 【宋】悟明:《联灯会要》卷26,续79册231页下。

师"，这时慧稜已经示灭，故子昭称为"先师"。子昭之所以前来问难，是因为当年和文益在长庆院中同参慧稜，二人相互商量，见处相同，便认为已经悟得慧稜的禅法，亦即子昭所说"商确（榷）古今，曾无间隔"，子昭因此断定文益是在长庆院开悟的，如今竟然舍慧稜而嗣桂琛，便认为文益是辜负了"长庆先师"。谁知文益早非吴下阿蒙，也早已跳出当年在长庆院中的窠臼，辨别出当年所谓"悟境"的落处，于是便从容回答说，当年并不懂得慧稜"万象之中独露身"这句话的含义。

慧稜悟道，曾有偈颂："万象之中独露身，唯人自肯乃方亲。昔时谬向途中觅，今日看如火里冰。"此偈颂曾得雪峰认可，慧稜出世长庆，会下参学者对此自然是再熟悉不过，而且必然也是大家最用心参究的公案，这个偈颂也成为后世禅师经常点评教学的典型案例。文益与子昭当年在长庆院中参究此偈颂，必然有所悟入处，只是死在句下。如玄沙"三句纲宗"之"第一句"所说：

第一句，且自承当，现成具足，尽十方世界，更无他故，只是仁者，更教谁见谁闻？都来是汝心王所为，全成不动智，只欠自承当。唤作开方便门，使汝信有一分真常流注，亘古亘今，未有不是，未有不非者。然此句只成平等法，何以故？但是以言遣言、以理逐理，平常性相，接物利生耳。且于宗旨，犹是明前不明后，号为一味平实，分证法身之量。未有出格之句，死在句下，未有自由分。①

① 【明】林弘衍：《玄沙师备禅师语录》卷1，续73册32页中。

"万象之中独露身，唯人自肯方得亲"，参学者不过从中悟解到"万法唯心"之理，信解见闻觉知都是"心王"所为，心王虽在万象之中，却又是"不与万法为侣"而能独露身者。但此悟解仍旧机不离位，不过浊智流转，未能自断命根。文益在其语脉上轻轻一拶，子昭便掉在"万象"之拨与不拨之窠臼中无法出头了。对此公案，南宋天童正觉禅师曾有一颂非常著名：

离念见佛，破尘出经，现成家法，谁立门庭？月逐舟行江练净，春随草上烧痕青。

拨不拨，听叮咛，三径就荒归便得，旧时松菊尚芳馨。[①]

悬崖撒手，放身舍命，当下归去，舍却一切，直下承当，方有少分相应，故正觉说"归便得"，还问什么拨不拨万象？但此仍需有"真实会处"才能如此，绝不是有意安排来的。

不过《景德传灯录》及《五灯会元》中并无子昭上座前来问难的记载，倒是另有一位子方上座从长庆院来。《景德传灯录》中云：

子方上座自长庆来。师举先长庆稜和尚偈而问曰："作么生是万象之中独露身?"子方举拂子，师曰："恁么会，又争得?"曰："和尚尊意如何?"师曰："唤什么作万象?"曰："古人不拨万象。"师曰："万象之中独露身，说什么拨不拨?"子方豁然悟解，述偈投诚。

---

① 【宋】集成等编《宏智禅师广录》卷 2，大 48 册 24 页中。

二书皆不说有子昭上座之事,而且二人与文益讨论的都是"万象之中独露身",问答也有几分相似处,故颇让人怀疑子昭、子方似乎只是一个人,后世讹传成两人而已。 但在南宋《联灯会要》、南宋痴绝道冲禅师之《痴绝和尚语录》及元代万松《从容庵录》、明代《佛祖纲目》等书中,均说子昭、子方是两个人,都曾前来抚州崇寿寺。 对于文益答子方因缘,道冲禅师曾有评论云:

看他法眼,从地藏处,得这巴鼻入手,等闲用将出来,着着有出身之路,岂止药子方首座膏肓之疾,至于拈却尽大地禅和子死在句下之病,其奈知音者少。①

而万松总评子昭、子方二则公案云:

法眼前话末后道"万象之中独露身罾",此话末后又道"万象之中独露身,说甚么拨不拨?"可谓欲去便归,归便得,算来田地苦无多,昭公、方公,究妙失宗,浊智流转之过也。……法眼承言会宗,开发二师之妙,不失长庆之旨。②

子昭、子方都是长庆院中久参的禅僧,他们服膺文益禅法,留在崇寿禅院,必然会在丛林中引起大家的关注。 于是"诸方会下有存知解者翕然而至,始则行行如也,师微以激发,皆渐而服膺,海参之众常不

---

① 【南宋】《痴绝和尚语录》卷下,续70册59页下。
② 【元】行秀:《从容庵录》卷4,大48册267页中。

减千计。"①《宋高僧传》亦云："四远之僧求益者不减千计。"

《景德传灯录》中记载了文益一则上堂开示：

> 僧问："如何披露则得与道相应？"师曰："汝几时披露即与道不相应？"
>
> 问："六处不知音时如何？"师曰："汝家眷属一群子。"
>
> 师又曰："作么生会？莫道怎么来问便是不得，汝道'六处不知音'，眼处不知音，耳处不知音……若也根本是有，争解无得？古人道：离声色着声色，离名字着名字，所以无想天修得，经八万大劫，一朝退堕，诸事俨然，盖为不知根本真实，次第修行三生六十劫，四生一百劫，如是直到三祇果满，他古人犹道'不如一念缘起无生超彼三乘权学等见'，又道'弹指圆成八万门，刹那灭却三祇劫'。也须体究，若如此，用多少气力。"②

这可以视为文益在抚州崇寿寺日常教导、激发僧众学人的实录，其显明的以教入禅，从教出禅风格已经显露无疑。

这样一来，文益主持的抚州崇寿禅院便成为一处非常著名的禅修道场了，文益的声名也开始渐渐为丛林知晓。二三年间，文益在抚州崇寿寺的声名鹊起，不久即"道行闻于江表"，便受邀请到金陵开堂传法了。这为法眼宗的创立创造了有利条件。

---

① 【宋】道原：《景德传灯录》卷24，大51册398页下。
② 同上。

第三节　文益禅师在金陵传法及与李氏父子的交往

文益在抚州的活动引起了江西一带统治者的注意，不久就被请到金陵，住报恩禅院开堂传法了。《宋高僧传》云，"江南国主李氏始祖知重，迎住报恩禅院，署号净慧。"《景德传灯录》云，"江南国主重师之道，迎入住报恩禅院，署净慧禅师。"不过没有具体时间。元代熙仲编集的《历朝释氏通鉴》云，"乙未，（清泰）二年，金陵国主迎法眼文益禅师问法，居报恩，赐号净慧禅师。"是说文益入金陵时间为 935 年；明代朱时恩编纂的《佛祖纲目》则说乙未年文益初住崇寿，戊午年（938）才为金陵国主迎居报恩禅院。二说孰是，限于资料匮乏，不易分辨也。笔者倾向于认为，大概是在 936—937 年间，亦即文益在抚州崇寿院主持二年左右的时间即受邀入金陵，住报恩禅院，署号"净慧禅师"。①

邀请文益入金陵的是徐知诰（888—943）。927 年，其养父徐温死后，徐知诰实际掌握了吴国统治权，937 年 10 月，徐知诰称帝，建都金陵（南京），复李姓，改名为昇。徐知诰邀请文益入金陵传法，有多方面的原因：文益禅师声名洋溢，道风远播，这自不待言；知诰尊重贤达，笼络以为己用，以稳固统治基础，这一点前面已经说过；知诰本人与佛门颇有渊源，弘扬佛法，也是他的一个志趣；另外，国都金陵初创，报恩禅院需要高僧主持，也是一个很重要的原因。

---

　　①　吴信如编《禅宗宗派源流》亦认为"南唐初（937 后）受江南国主李氏之请，住金陵报恩院。"本书第 404 页，中国社会科学出版社 1998 版。

徐知诰，徐州人，小字彭奴，父亲李荣，"喜从浮屠游，多晦迹精舍，时号'李道者'"，是一位奉佛非常虔诚的居士。① 彭奴六岁时，父亲去世，伯父李球把他带到了濠州，不久，母亲也去世了，孤苦伶仃的彭奴只好"托迹于濠之开元寺。"后来被徐温收养为义子，改名为徐知诰。 关于李昇的出身，另外还有一种版本，《江南野史》记载，李荣是一位豪杰，自认为是李唐之后人，便联合海盗自海攻淮，结果被杨行密杀害，并捕获其全家，全部杀害，李昇"方数岁，且异常儿，濠上一桑门与行密有故，乞收养为徒弟。"《佛祖历代通载》云，"南唐昇，世本微贱，父荣唐乱不知所终，有姊出家为尼，出入徐温宅，与温妻李氏同姓。"②因此被徐温收养。 另外还有几种不同的版本。 不过史学界一般认为，关于李昇的身世附会较多，而李昇"世本微贱"，还是第一种版本更真实些。 尽管说法不一，但是可以看出，李昇小时候与佛教渊源颇深。

关于李昇登基后奉佛的情形，《佛法金汤编》云：

昇字正伦，自称唐建安王恪之后，吴杨行密养为子，诸子不能容，乃乞徐温冒姓徐，名知诰，后受吴禅，国号南唐，复姓李，更名昇，即李先主。昇元初改徐温所建兴教寺为清凉大道场，请抚州崇寿寺休复悟空禅师居之，昇元二年改瓦官寺为昇元寺，又改报先院为兴慈寺。昇居建康，作无遮大斋七会，天竺中印度沙门进贝叶书及舍利为贽，昇召僧智玄译其书，并图

---

① 《十国春秋》第183页。
② 《佛祖历代通载》卷17，大49册653页中。

李长者像，班之境内。①

概括而言，李昇称帝后的"佛教事业"主要有以下几项：

（1）昇元初年（937），改金陵兴教寺为清凉大道场，邀请抚州崇寿寺休复悟空禅师主持。

按兴教寺原是徐温所建，李昇改名为清凉寺。《十国春秋》云，"烈祖（李昇）创清凉道场，延（休复）居之。"②具体时间未确，此处说是在937年，《佛祖历代通载》则云"乙酉（925），吴溥于石头城上建清凉寺，请悟空住持"。这一说法有些早，不太可靠；《景德传灯录》则说，"甲辰岁（944），江南国主创清凉大道场，延请（休复）居之。"则为明显的失误，因为晋天福八年（南唐保大元年，943年）10月，休复去世③，不可能在去世后一年才主持清凉寺。《宗统编年》云，癸卯（943），益祖自报恩迁清凉，则是休复去世后，文益从报恩禅院迁住清凉寺。又《五灯会元》云，"（休复）后继法眼住崇寿，江南国主创清凉道场，延请居之。"则是说，文益迁住金陵报恩禅院后，休复接替文益主持抚州崇寿寺，或在937年李昇初登帝位时，奉召主持新改名的金陵清凉寺。由此或可证明，文益受李昇之邀入金陵，是在南唐开国（937）之前，文益先受邀入金陵主持报恩禅院，悟空继任抚州崇寿院主持，不久之后也受邀来到金陵，主持新改建的清凉道场。

（2）昇元二年（938），改瓦官寺为昇元寺，改报先院为兴慈寺。

① 【明】心泰：《佛法金汤编》卷10，续87册243页下。
② 《十国春秋》，第465页。
③ 保大元年十月朔，致书辞元宗（李璟），取三日夜子时入灭。同上。

瓦官寺建于晋兴宁元年，由慧力在金陵瓦官窑旧地兴建而成，天台智顗在此讲止观之学，是江南名寺。按《十国春秋》记载，瓦官寺改为昇元寺是在吴顺义二年（922）①，不是"昇元二年"。报先院是徐温之孙、李昇之侄徐景运在杨吴太和六年（934）为纪念徐温重建的，原址是刘宋元嘉二年宋文帝为高祖建造的报恩寺，唐会昌法难时被废。

（3）昇元三年（939），谥晋朝慧远法师为"正觉大师"。

（4）举办无遮大斋会七次。印度僧人送来贝叶经书及舍利作为见面礼，李昇将贝叶经书翻译为汉文。另有一个举动比较有趣，即图写李长者画像，在南唐境内颁布流行。

李通玄（635—730）又叫"李长者"或"枣柏大士"，据说是唐皇室子孙，著有《新华严经论》，传说他著论时，晚上曾"口出白光，以代灯烛"，并有二位天女白天为他汲泉、炷香、奉纸墨，上午卯辰时刻，为他准备饭食，如是者五年。李通玄在开元十八年（730）95 岁时去世。李昇自承是唐皇室后裔，在南唐国境内图写并颁发李通玄这位"先祖"的画像，兼具政治与宗教信仰双重意义。

李昇奉佛并不热烈，不过仍有史家对其作严厉的批评，如《陆氏南唐书》认为，南唐三主并无骄奢淫逸的恶行，而徒以寖衰、国祚短促，"最可为后世鉴者，酷好浮屠也"，李昇实为其肇始者。至于李昇奉佛的详细情形及其影响——

初烈祖辅吴，吴都广陵，而烈祖居建康，大筑其居，穷极土木之功，既

①　"是岁（顺义二年），以同泰寺之半置台城千福院，改瓦官寺为昇元寺，阁为昇元阁。"《十国春秋》，第 59 页。

成,用浮屠说,作无遮大斋七会,为工匠役夫死者荐福。俄有胡僧,自身毒中印度来,以贝叶旁行及所谓舍利者为贽,烈祖召豫章龙兴寺僧智玄译其旁行之书,又命文房书《华严论》四十部,秩副焉,并图写制论李长者像,班之境内。此事佛之权兴也。然烈祖未甚惑,后胡僧为奸利,遂出之,国人则寖已成俗矣。①

《陆氏南唐书》还提到,李昪去世前一年(942),溧水县天兴寺桑树生出一个木人,长六寸,形状如一僧人,右袒而左跪,色如纯漆,光亮可鉴,国人号曰“须菩提”,溧水县人在仁寿节那天奉献给李昪,李昪大为惊异,奉事甚谨。② 几个月后,李昪就去世了。 南唐崇佛的风气已经形成,到了中主特别是后主时期,便有愈演愈烈之势,南唐皇室出资兴建了十几座寺庙,仅金陵城便有一万多僧人,国家全部出钱供养。 这是文益来到金陵时的大致氛围与环境,这为法眼宗的创立提供了较为有利的条件。

李昪邀请文益到金陵报恩禅院主持,或在他篡吴立唐(937)之前。至于报恩禅院,有可能是李昪在金陵新建的一座寺庙。 金陵原是六朝古都,寺庙繁盛,如长干寺、同泰寺、瓦官寺、建初寺、栖霞寺、保宁寺等等,都非常著名。 隋灭陈后,平毁城邑宫苑,唐代置昇州,武宗会昌法难,城内寺庙又被拆毁不少。 五代时期,杨吴占据江表地区后开始不断修建。 金陵(昇州)可谓是徐知诰的发祥地,天祐六年(909),21岁的知诰负责在昇州督造军舰,次年升为昇州副使,九年

---

① 《十国春秋》,第143—144页。
② 同上,第200页。

升为刺史，"十一年，加检校司徒，始城昇州。十四年（917）夏，城成，温来观，喜其制度宏丽，徙治焉。"①经过四年整修，昇州城市建设粗具规模，徐温便将镇海军治所搬到昇州，遥控指挥军国大事。武义二年（920）七月，"改昇州大都督府为金陵府，拜徐温金陵尹。冬十二月，金陵城成。"②太和三年（931）徐知诰出镇金陵，次年八月，"广金陵城周围二十里"③。其后金陵成为齐国及南唐的首都。

金陵报恩禅院不见于五代之前的任何史籍之中，也没有其在五代时期建造的具体日期。笔者猜测，这可能是徐知诰在914—917年"始城昇州"或931年"扩建金陵"时期所建造的一座新的禅寺。"报恩"之名亦颇值得玩味，徐知诰是徐温养子，"茕茕一身，不阶尺土，托名徐氏，遂霸江南"，对于义父徐温，他是心存感激的，建造一座寺庙而名之曰"报恩"，有向徐温或徐氏家族表明感恩心迹的意思。

文益约在937年前后受徐知诰之邀，从抚州来到金陵，入住报恩禅院。之前从志禅师曾在此担任主持，他是曹山本寂的弟子，在抚州金峰山驻锡开法，得赐号"玄明大师"，逝后谥"圆广禅师"，建塔曰"归寂"④。大概是在从志禅师逝后，文益才被邀请来到金陵入住报恩禅院的。

李昇晚年一直在吃方士所炼"金丹"，最后背上长疮，在943年二月去世。他晚年多与道士如王栖霞、史守冲、潘扆等人交往，史守冲就是为其炼金丹者。⑤李昇服食金丹想要延年益寿，对于佛教的认识似乎

① 同上，第185页。
② 同上，第57页。
③ 同上，第70页。
④ 《景德传灯录》卷20："师后住金陵报恩院入灭。"
⑤ 《资治通鉴》："唐主尝梦吞灵丹，旦而方士史守冲献丹方，以为神而饵之，浸成躁急。左右谏，不听。"

仅限于感应、祈福之类，或者有取于佛教有助于社会治化功能，教理、禅法方面的兴趣并不太大，所以灯录及史书中并无他与禅僧交往的记载。文益也不例外。

943 年，李昪逝世后李璟继位，是为南唐中主，史称"元宗"。李昪诸子中，几乎都信佛，李璟最为虔诚。[①] 与乃父相比，李璟奉佛不仅重视佛教的社会教化功能，而且能体悟禅理，故其有与禅僧深入交往的事例，如"曾敦请行因禅师赴金陵，但被婉拒。后来他在迁都往南昌时，又特别去开先寺听绍宗禅师说法"。[②] 尤其是李璟在继位前和文益的师兄休复悟空禅师交情匪浅。

李璟继位的当年十月，休复禅师去世。《十国春秋》云：

僧休复，北海王氏子也。幼出家，十九纳戒。烈祖创清凉道场，延居之。保大元年十月朔，致书辞元宗，取三日夜子时入灭。元宗令本院至时击钟，及期众集，休复端坐警众曰："无弃光影。"语绝而逝。时元宗闻钟声，登高台遥礼，深加哀慕，收舍利建塔焉。[③]

悟空去世，致书皇帝李璟告别，已见二人平日之交情深厚。更令人匪夷所思的是，悟空逝后八年，李璟犹然不忘，保大九年（951）七月，令韩熙载撰写《南唐清凉寺悟空禅师碑》[④]，同年九月，李璟在清

---

① 陈彭年：《江南别录》，《四库全书》464 册 124 页。
② 陈葆真：《南唐三主与佛教信仰》，《佛学与文学—佛教文学与艺术学研讨会论文集（文学部份）》第 252 页，台湾法鼓文化出版社 2001 年版。
③ 《十国春秋》卷 33。
④ 牧田谛亮：《五代宗教年表》第 116 页，华宇出版社。

凉寺致祭悟空：

> 保大九年，岁次辛亥，九月，皇帝以香茶乳药之奠，致祭于右街清凉寺
> 悟空禅师。①

可见当时休复悟空禅师的道价丝毫不减于文益，他与李璟在禅道方
面或别有非常因缘。灯录中休复得法弟子二人，慧同禅师见录，他曾
住昇州奉先寺。休复与文益本为同门师兄弟，年龄或长于文益，二人
感情甚笃，在金陵又同领大道场，平时常有来往，如《景德传灯录》记
载，有一年冬天，文益与休复一起烤火，文益拿起一把香匙问道："不
得唤作香匙，兄唤作什么？"休复回答道："香匙。"文益不肯。二十
天后休复才明白这句话。

休复律己甚严，平日居方丈，只有一件僧衣（唯氍一袜），无他长
物，而且经常半开玩笑半认真地批评文益"多为偈颂"。临去世前。休
复派人到报恩院邀文益到清凉寺方丈室，嘱以后事。休复逝后，文益接
任清凉院的主持。当时清凉道场的规模及影响可能比报恩禅院还要大。

李璟在位后兴建的著名寺庙有两座，一为金陵奉先寺，是为纪念父
亲李昇而建。除休复弟子慧同住此外，949 年前后，李璟还曾邀请鼓山
神晏的得法弟子智作禅师开堂传法，并赐紫衣及"真寂禅师"名号。另
外云门文偃的弟子深禅师也曾受李璟邀请在奉先寺传法。

僧深与文益也有交往。《十国春秋》云：

---

① 陆游：《入蜀记》卷 1，《四库全书》，460 册，第 885 页。

僧深,居金陵说法,元宗常置綵一箱,剑一具,谓深及文益曰:"高座若问答得当,赐杂綵,否则赐剑。"文益升座,深曰:"今日奉敕参问,师还许否?"文益曰:"许。"深曰:"鹞子过新罗。"奉綵便行。①

至于这次"法战"的来龙去脉,《补续高僧传》说得比较详细:

奉先深、清凉智明,二禅师者亦云门嗣也。二师同游方,时闻僧问法眼:"如何是色?"眼竖起拂子,或曰"鸡冠花",或曰"贴肉汗衫"。二人特往请益,问曰:"承闻和尚有三种色语,是否?"眼曰:"是。"深曰:"鹞子过新罗。"便归众。时李主在座下,不肯,乃白法眼曰:"寡人来日致茶筵,请二人重新问话。"②

次日吃罢茶,李璟准备锦彩一箱,剑一口,意思很明确,如果说得好就赐给锦彩,如果乱来,那就要加以惩戒。僧深果然是作家,同样一句"鹞子过新罗",拿起锦彩便行,普通人哪里能觑见他的深浅?"鹞子过新罗"是僧深之师云门文偃禅师的著名语句。

与深禅师同至金陵的云门系弟子还有智明禅师,他与深禅师交同莫逆。李后主时,智明曾主持清凉禅院。北宋时期,智明弟子云豁禅师非常著名,"太宗尝诏至阙,馆于北御园舍中,习定久之,恳之还山。"③云豁弟子南安岩尊者在北宋末年神迹颇多,是一位轰动一时的

① 《十国春秋》,第468页。
② 【明】明河:《补续高僧传》卷6,续77册409页中。
③ 【元】念常:《佛祖历代通载》卷18,大49册660页上。

禅僧。 由此可见，与文益主持报恩、清凉道场同时，云门系及鼓山系都有禅僧在金陵开堂传法。

　　李璟兴建的第二座寺庙是庐山开先院。 这座庙旧址是梁昭明太子的栖隐之地，位于庐山鹤鸣峰下，为庐山之绝胜处，李璟为太子时，花费万金购买其地，建了一座书堂。 李璟非常喜欢这个地方，经常到这里来游玩、读书。 登基后改建为开先禅院，相国冯延巳有碑记，略曰：

　　皇上诏以庐山书堂旧基为寺，延巳肆觐于京，上于便殿语事次，因曰，庐山书堂已为寺矣，朕闻古先哲王握图御宇，唯德是务，与善同归，久于其道，天下化成，恒沙如来出世济俗，依空说性，性外无空，信则修崇，悟则解脱，使人趋清净之域，息贪兢之心，民用以淳，理又何远？ 是则菩提之教，与政通焉，朕今兴建伽蓝，以居禅众，示人至理，亦助化之端也。 延巳奏以寺已成功足，使迷者得于陆之渐，达者登不二之门，非圣人用心，其孰能与于此乎。①

　　从中不难发现李璟崇奉释教的用心。 李璟认为，政治教化“唯德是务，与善同归”，佛教能使人“趋清净之域，息贪兢之心，”民心因而淳朴，菩提之教与政治教化相通，因而他愿意兴建寺庙以安禅众。 庐山开先寺后来成为一座著名的禅寺，北宋名僧佛印了元在此开悟嗣法，明教大师契嵩也曾居住多年。

　　撰写碑文的冯延巳不仅是一位词人，还精通禅理。 一次他和几位

① 【宋】本觉：《释氏通鉴》卷12，续76册132页下。

禅僧游钟山，到"一人泉"，冯延巳问道："一人泉，许多人争得足？"一僧回答道："不教欠少。"延巳对此答话不满意，接着问道："谁人欠少？"僧人答不上来了。这个故事传回金陵，文益曾下一转语云："谁是不足者？"①

《十国春秋》中还记载李璟曾在皇宫旁边修建过一座"木瓶寺"，是为"木平和尚"而建②。木平当为袁州木平山善道禅师，是可文禅师的法嗣，可文是夹山善会的弟子。《补续高僧传》云：

> 木平和尚，不知何许人。游戏江浒，语言无度，踪迹诡异，人不能测识。李后主尊为圣师。尝挂木瓶杖头，一日赴内斋坐，顷忽不见。后主问曰："和尚何在？"因引瓶自蔽，应曰："某在此澡浴。"后主拜之。木平曰："陛下见群臣，勿言臣在瓶中浴。"后主笑曰："和尚见人，亦勿道吾拜汝。"尝出入禁中，他日从登百尺楼，后主问其制度佳否，对曰："尤宜望火。"初不谕其意，后数年木平卒，淮甸大扰，烽火交驰，后主尝于是登望，以占动静。后主素爱庆王，问木平寿命，曰："年七十。"是岁病亡，年十七，盖反语耳。为建寺宫侧居之，奉事隆笃焉。本名"木瓶"，后讹为"木平"，或云"木平"山名，师居处也。③

《十国春秋》则说是元宗而非后主，从时间上推论，应该是元宗时候的事情；预言庆王之事，木平书"九十乙"，庆王果然十九岁卒，

---

① 【宋】道原：《景德传灯录》卷1，大51册435页下。
② 《十国春秋》，第476页。
③ 【明】明河：《补续高僧传》卷19，续77册498页下。

"乙"字是颠倒九十的意思。 木平到金陵，与文益有交往，文益曾赠以诗曰：

> 木平山里人，貌古言复少。相看陌路同，论心秋月皎。
>
> 坏衲线非蚕，助歌声有鸟。城阙今日来，一沤曾已晓。①

诗中所谓"一沤曾已晓"，是木平悟道的典故，他曾参问洛浦元安和蟠龙可文同样一个问题："一沤未发已前，如何辨其水脉？"元安回答："移舟谙水脉，举棹别波澜。"可文回答："移舟不别水，举棹即迷源。"木平在可文言下悟入。 故木平也是禅门中人物，文益对其见地、修行似乎颇为肯定，不过木平喜欢混迹人间、游戏风尘，和文益处世风格显然大不相同。

《释氏通鉴》记载了发生在南唐保大二年（944）即李璟继位后第二年的一件奇事：

> 江南上元县一民暴死。三日复苏，云：至一殿庭，忽见先主椿械甚严。民惊问曰："主何至此？"曰："吾为宋齐丘所误，杀和州降者千余人，冤诉囚此，汝既得还，伏汝归语嗣君，凡寺观鸣钟，当延之，吾受苦，唯闻钟则暂休；或能为造一钟尤善。吾在位，尝与于阗国交聘，遗吾一玉天王像，吾尝置于髻，后藏于瓦棺寺佛左膝，人无知者，汝以此事为验。"民既还家，遂乞见主，具白之，主亲诣瓦棺，剖佛膝得之，感泣，遂立造一钟于清凉寺，镌其

---

① 道原前引书卷 20,370 页上。

上云"荐烈祖孝高皇帝脱幽出厄",以玉像建塔,葬于蒋山。①

李璟为先父李昇在清凉寺造钟以济幽冥之苦,时文益正住清凉道场,或当主持这次的造钟、立钟仪式。

保大三年(945),文益之前主持的报恩禅院,有"取经禅大德"恒安向李璟进献《大唐保大乙巳岁续贞元释教录》一卷。《开元释教录》20卷,由智升编撰于唐玄宗开元十七年(729),录佛经名目共5048卷,481帙;《贞元新定释教目录》30卷由圆照编撰于唐德宗贞元十五年(799),新增佛经名目332卷,合计为5380卷,510帙,被称为"贞元录藏"。恒安在907年来到江表一带,"历谒名山,参寻知识,以问参之外,看览藏经之次,因共道友言论,"知道有"贞元藏",便发心抄录其中所有佛经,于是在昇元二年(938)遍游关右,保大三年回到金陵,花费八年时间写录"贞元藏"中的佛经,并发现有新译佛经、新著论等,合"贞元录藏"共计1214部,518帙。因此恒安写成《续贞元释教录》一卷进献给李璟,主要记录新收佛教经论。李璟下令右街僧录司写录施行。这算是当时南唐佛教文化事业的一件大事。

文益与李璟交往最著名者为观牡丹花咏诗之事,此较早记载于《冷斋夜话》、《五灯会元》、《释氏通鉴》、《五家正宗赞》等书中,不过《宋高僧传》、《景德传灯录》没有记载。《释氏通鉴》更明确该事发生时间为保大元年②。《五灯会元》云:

---

① 【宋】本觉:《释氏通鉴》卷12,续76册131页中。
② 同上。

师一日与李王论道罢,同观牡丹花,王命作偈,师即赋曰:

拥毳对芳丛,由来趣不同。发从今日白,花是去年红。

艳冶随朝露,馨香逐晚风。何须待零落,然后始知空。王顿悟其意。①

《十国春秋》亦云,"保大末,政乱国危,上下不以为意,文益因观牡丹花,献偈以讽曰:发从今日白,花是去年红。 何须待零落,然后始知空。 元宗颇悟其意。"②不过《旧五代史补》中记载,僧谦光对李璟也有近乎相同的诗作:

显德中政乱,国主犹晏然不以介意。一旦因赏花,命谦光赋诗,因为所讽,诗云:拥衲对芳丛,由来事不同。鬓从今日白,花似去年红。艳冶随朝露,馨香逐晚风。何须待零落,然后始知空。

《全唐诗》卷825题目为《赏牡丹应教》,作者题为"谦光",内容全同。

相比较,二诗有五处不同。 可以肯定,两首诗是同一作者。 谦光"国师"是一位饮酒食肉毫"无羁检"的"狂僧",《五代史补》云:

僧谦光,金陵人也。素有才辩,江南国主以国师礼之。然无羁检,饮酒如常,国主无以禁制,而又于诸肉中尤嗜鹅、鳖。国主常以从容语及释

---

① 【宋】普济:《五灯会元》卷10,续80册199页上。
② 《十国春秋》,第468页。

氏果报,且问曰,"吾师莫有志愿否？寡人固欲口之。"谦光对曰,"老僧无他愿,但得鹅生四只脚,鳖长两重裙足矣。"国主大笑。①

《十国春秋》云，"或以为谦光即文益也。疑文益不应有此事,故识于此。"现代学者中不少人认为此诗为文益作品,甚至有的认为谦光即文益。② 笔者认为,第一,谦光绝不是文益；第二,此诗作也并不是文益的作品。

文益7岁出家,25岁之前专精南山律,可以说,文益人生中有近二十年时间是在戒律极其严格的僧团生活中度过的。 入闽参访的二十几年间,也一直生活在僧团中,虽然都是禅宗道场,戒律还是决不含糊的；文益离开僧团独居只有卓庵甘蔗洲那一段时间,但隐修生活非常简陋、贫苦,不可能饮甘食肥。 统观文益生平,他根本不可能沾染贪着酒肉这样的恶习。 圆悟克勤曾对宗杲说,"夫人举措,当谨终如始,则无败事。"早岁勤苦、严守戒律,晚年放荡不羁,不能谨终如始,此岂名

---

① 《十国春秋》,第1244页。

② 如(1)忽滑谷快天《中国禅学思想史》(朱谦之译,上海古籍出版社1994年版,第347页):"文益为南唐李昇请,住金陵报恩禅院,其后迁主清凉寺,一日与李主论道罢,同观牡丹花,……(2)台湾学者杜松柏所著《禅学与唐宋诗学》(台北黎明文化1976年,第222—223页)中解读此诗云:"诚能以实喻空,以现象喻本体,且为密合五言律诗格律之作。"毳"谓毳袍,文益谓己乃穿毳袍之僧人,对此芳丛,所见所感,其旨趣不同于世俗人。"(3)吴信如《禅宗宗派源流》(中国社科出版社1998年版,第405页)认为文益此诗"诗趣高雅,寓意深刻,至今传诵不绝,脍炙人口";(4)杨曾文《唐五代禅宗史》(中国社科出版社1999年版,第552页)中云:"文益在陪同李景观菊之际作偈颂以讽曰:发从今日白……暗喻南唐王朝即将败灭之意,据载李景颇悟旨趣。"(5)吴言生《禅宗诗歌境界》(中华书局2001年二版,第205页)中则认为,"此诗形象地表达了文益的体空观。"(6)张胜珍《何须待零落,然后始知空——法眼文益的一首禅偈》中云:"该诗以实喻空,以现象喻本体,把无常苦空的禅理阐发得淋漓尽致。后来南唐终于不免亡国之恨,也是应了文益的预见。"(《世界宗教文化》2004年第1期)(7)杜继文、魏道儒著《中国禅宗通史》中则认为"谦光即是文益"。(江苏人民出版社2008年版,第377页)

震一时、光耀千古的大法眼禅师之德行耶？ 文益抚州出世，金陵开堂，身为千僧主持，指导学人修行，禁恶止邪，不可无规矩。 以规矩制人，自己反而悖乱情妄，可乎？

禅门开悟，一法不立，消除烦恼习气。 如沩山灵佑禅师所说，道人之心，情不附物，要消除浊边过患，所谓浊边过患，"如许多恶觉情见想习之事"，浊边过患若除，"譬如秋水澄渟，清净无为，澹泞无碍，唤他作道人，亦名无事人。"嗜好酒肉，浊边过患之尤粗重者也，如果连这种烦恼束缚都不能断除，如沩山所说禅宗修行之力用又安在哉？则文益一生修学，尽成无益之笑谈矣。

禅门传承，因果不可思议。 雪峰丛林天下闻名，会下一千五百多人，如雪峰所说，都是"老僧抧头舀得来"，此言雪峰出岭参学，到处辛辛苦苦做饭头，行益结缘，才能有如此成就；玄沙修头陀行，即便已是闽王座上宾，仍旧"日间开畲种粟，引水灌蔬，夜间勤于香灯，持净扫地"，桂琛独守枯淡，自己开田搏饭吃，日后才有法眼宗道震江南的盛况；临济宗的神鼎洪諲禅师，在首山门下开悟后，"寻常一衲以度寒暑，后隐衡岳，有一豪贵来山游，见师气貌闲静，一钵无余，遂拜请住神鼎。 十年枯淡，室无升米，日收盏饭，一枯木床为法座，残僧数辈围之，始终不易。 后宗风大振，望尊一时，门弟子气吞诸方。"①还有较早一些的药山惟俨禅师，每天只单独吃两碗粥，首座怀疑他开小灶，一天藏在方丈僻处，等药山外出，便入门，见铫子里有热气冒出，揭开一看，里面煮的竟是黄菜叶子和一些麦麸。 《佛祖历代通载》云：

---

① 【清】智祥:《禅林宝训笔说》卷 2,续 64 册 651 页中。

始师尝以大練布为衣，以竹器为蹻，自薙其发，自具其食。虽门人数百、童侍甚广，未尝易其力；珍羞百品，鲜果骈罗，未尝易其食；冬裘重燠，夏服轻疎，未尝易其衣；华室靖深，香榻严洁，未尝易其处，麋鹿环绕，猛兽伏前，未尝易其观，贵贱迭来，顶谒床下，未尝易其礼。非夫罄万有、契真空，离攀缘之病，本性清净乎物表，焉能遗形骸、忘嗜欲久而如一者耶？①

"大練布"即是用苎麻制成的粗布，"蹻"即鞋子。 惟俨禅师能耐如此勤苦，是因为他已经"罄万有、契真空"而"离攀缘之病"，因而"本性清净乎物表"，所以能够"遗形骸、忘嗜欲"。 从上述雪峰、玄沙、桂琛、神鼎以及惟俨禅师等人的形迹不难比对、想象出文益之处世风格。 南宋虚堂智愚禅师曾有评论云，"古人刻苦至此极矣，所以光明后世，子孙至今不绝。"②文益门下出大禅师几十人，国师好几位，后世子孙昌盛，他本人如果没有如惟俨、雪峰、玄沙等先辈的"刻苦"精神，这一段"光明精神"还真的无从焕发呢，更不用说跻身禅宗五家之列了。 禅门传承，因果如此，丝毫含糊不得。

另外文益在《宗门十规论》中曾对"像季之时魔强法弱"的一些现象进行了严厉批评：

声张事势，矜托辩才，以讦露为慈悲，以佚滥为德行，破佛禁戒，弃僧威仪，返凌铄于二乘，倒排斥于三学，况不捡于大节，自许是其达人。然当像季之时，魔强法弱，假如来之法服，盗国王之恩威，口谈解脱之因，心弄

① 【元】念常：《佛祖历代通载》卷16，大49册629页下。
② 《虚堂和尚语录》卷4，大47册18页中。

鬼神之事，既无愧耻，宁避罪愆？今乃历叙此徒，须警来者。

　　"讦露"即是肆意揭发、批评别人的短处，"佚滥"即是放荡、随便。可见文益对于"素有才辩"的谦光之流饮酒食肉等"佚滥"行为是深恶痛绝的，认为是"破佛禁戒，弃僧威仪"的恶行，特别是此辈自许为达人，还瞧不起严持戒律的二乘学人，不知羞耻，也不怕将来恶报，对于佛教僧团形象难免会造成极严重的破坏、极恶劣影响。谦光毫无节制地饮酒食肉，又以才辩取悦帝王，可谓"假如来之法服，盗国王之恩威"者也。文益所斥骂者，似乎正是针对谦光之流这一类"佚滥"行为。文益著文严厉斥责这类行为，自身又怎么可能再去做呢？

　　故综上所述，饮酒食肉毫"无羁检"的谦光"国师"，绝不可能是文益，而且文益也从来没有被南唐国主称呼为"国师"。

　　关于这首诗的作者，笔者认为并不是文益。

　　《咏牡丹诗》题眼在最后一句，"何须待零落，然后始知空"，似乎颇具禅机，但不过是禅家平常语句，非宗门悟道偈语或表述自己证境的诗作，故此诗作并不说明作者禅悟水平有多么高，关键是此诗是为李璟而作，能够证明作者与南唐皇帝关系非同小可，因而才引起后世禅史的充分重视，并在诗偈后面加上"王顿悟其意"或"王闻开悟"等赘语，以说明诗作的作用，便显得有些拙劣不堪。

　　对于宗门偈颂之创作，文益《宗门十规论》中有一原则：

　　宗门歌颂，格式多般，或短或长，或今或古，假声色而显用，或托事以伸机，或顺理以谈真，或逆事而矫俗，虽则趣向有异，其奈发兴有殊，总扬一大事之因缘,共赞诸佛之三昧,激昂后学,讽刺先贤,皆主意在文,焉可妄述?

即文益认为,宗门创作诗偈,主题只有一个:"总扬一大事之因缘,共赞诸佛之三昧",以激昂后学,发扬先贤道德、精神。那么这首《咏牡丹花》的主题是什么呢? 按《十国春秋》及《五代史补》的说法,此诗是作者看到保大年间政危国乱而借诗讽刺,以引起李璟的警觉。 这是完全不靠谱的。 禅僧专业在修行解脱,政治军事问题,岂是禅僧随便发表议论的?

从南唐当时政治环境说,保大九年,南唐趁楚内乱而灭之,李璟曾一度雄心勃勃,想要统一天下,但次年兖州战役失利,兵势受挫;保大十一年,"金陵大火逾月,焚庐舍营署殆尽",夏天大旱,"井泉干涸,淮流可涉",延续到明年三月一直不下雨,又有蝗灾,于是南唐境内"大饥疫";保大十三年,北周开始持续不断的侵略,保大十五年三月寿州之战,主将陈元叛降北周,南唐损失四万人,寿州、濠州、楚州、扬州、泰州、雄州、舒州相继陷落,当年冬天,金陵再次大火,一日数发。 第二年,南唐改元,五月下令去帝号,奉北周显德五年的正朔,闰七月,文益去世。

文益晚年生活的南唐,处在一片风雨飘摇之中,此运会使然,人力恐难以回天。 李璟"天性儒懦,素昧威武",国势日蹙,他也无可奈何。 "何须待零落,然后始知空",说穿了,不过让他看开点而已。 面对政危国乱的窘境,李璟无奈而消极,让他看开点又如何呢?

明代袾宏编辑《缁门崇行录》,将此事概括为"咏花讽谏",并评述云：

　　味诗意，忠爱油然溢于言表，惜后主知而不用，终不免梦里贪欢之悔耳。彼号为诗僧者，品题风月散精推敲而无裨于世，以此较之，不亦黄金与土之相去耶？①

　　袾宏不察，延续惠洪说法，将李璟与李煜混淆了。说此诗针对时政有感而发以讽喻唐主，正如上面分析的，是完全不靠谱的说法，则袾宏所说"忠爱"及"知而不用"，也便无从说起了。

　　至于说此诗是为李璟开悟宗门意旨而作，那么多少还有些贴题。但此诗并无太深刻的内涵，李璟"顿悟其意"，又能顿悟什么意呢？"王闻开悟"，开的什么悟呢？这些都是虚套话，难免有夸张、含糊之失。

　　前面说过，文益认为宗门创作诗偈的主题只能是"总扬一大事之因缘，共赞诸佛之三昧"。《景德传灯录》中收录文益偈颂十四首，其中就有著名的《三界唯心》、《华严六相义》等。这些偈颂的确如文益所说，都是为了"总扬一大事之因缘，共赞诸佛之三昧"，总体上看，语言极为质朴，与佛经中的偈颂风格相似，如《庭柏盆莲》云："一朵菡萏莲，两株青瘦柏。长向僧家庭，何劳问高格。"《正月偶示》云，"正月春顺时节，情有无皆含悦，君要知得谁力，更问谁教谁决。"《寄钟陵光僧正》云，"西山巍巍兮耸碧，漳水澄澄兮练色，对现分明

————————

① 【明】袾宏：《缁门崇行录》卷1，续87册360页中。

有何极。"《街鼓鸣》云,"鼓冬冬,运大功,满朝人,道路通,道路通,何所至,达者莫言登宝地。"另外还有一首《圆成实性颂》云,"理极忘情谓,如何有喻齐? 到头霜夜月,任运落前溪。 果熟兼猿重,山长似路迷。 举头残照在,元是住居西。"《祖庭事苑》收录《颂寄复长老》云:"渠渠渠,我我我,南北东西皆可可,可可,不可可,但唯我,无不可。"《气球颂》云:"四大假合是虚妄,从此与君谈实相。 出门不见一纤毫,满目白云与青嶂。"……相比较而言,《咏牡丹花》语言华美,对仗精工,但雕凿气息较浓,与文益上述偈颂语言风格绝不相类。

按台湾学者陈葆真教授也认为此诗"可能不是法眼禅师所作,而极可能是南唐另一和尚谦光所写"①。 陈先生考证认为,北宋初年(1004)道原之《景德传灯录》未见此诗,北宋大中祥符五年(1012)陶岳集录的《五代史补》明确将该诗列为谦光所作。 此诗为文益作品之说,最早见于北宋徽宗年间惠洪(1071—1128)所著《冷斋夜话》卷一之《李后主亡国偈》:

宋太祖将问罪江南,李后主用谋臣计,欲拒王师。法眼禅师观牡丹于大内,因作偈讽之曰:"拥毳对芳丛,由来趣不同。发从今日白,花是去年红。艳冶随朝露,馨香逐晚风。何须待零落,然后始知空。"后主不省,王师旋渡江。②

---

① 陈葆真前揭文第 253 页。
② 张伯伟编校:《稀见宋人诗话四种》,第 19 页,江苏古籍出版社 2002 年 4 月版。按"艳曳"应为"艳冶"。

　　晁公武、纪昀等人评价《冷斋夜话》为"多诞妄托者"；祖琇《僧宝正续传》末附有《代古塔主与洪觉范书》，评价惠洪另一著作《禅林僧宝传》云："一过目，烂然华丽，若云翔电发，遇之骇然。及再三伸卷，考核事实，则知足下树志浅矣。夫文所以纪实也，苟忽事实，而高下其心，唯骋歆艳之文，此杨子所谓从而绣其盘悦，君子所以不取也。"①可见大家都已经注意到，惠洪著述中普遍存在着文笔华丽却忽略事实、为求惊人不惜妄托伪造的问题。

　　惠洪此处说文益与李煜赏花赋诗，便明显是"多诞妄托者"、"骋歆艳之文"而忽略事实的又一个典型例子。盖文益逝于北周显德五年（958），时为南唐中宗李璟中兴元年，也就是说，当时的南唐皇帝是李璟，"宋太祖"黄袍加身、后主李煜继位，都是文益逝后两年的事情（960）。更离奇的是，惠洪上来说"宋太祖将问罪江南"，是974年的事情，文益已经去世16年了，他却非要文益和后主赏花赋诗不可，真可谓荒诞之极。

　　但惠洪此种荒诞妄托之说竟为后世禅史不察而加以沿袭，如南宋的《五灯会元》（1252）、《五家正宗赞》（1254）、《释氏通鉴》（1265－1274）、元代的《释氏稽古略》、《历朝释氏通鉴》及明代编撰的《金陵清凉院文益禅师语录》、《佛祖纲目》，以及袾宏编辑的《缁门崇行录》等书，都认为此诗为文益所作。不过后世著作也觉得惠洪所谓文益和后主赏花赋诗之事太过荒诞，所以大都把时间提前，如《佛祖纲目》即认定为940年，《释氏通鉴》则认定为保大元年（943）李璟初继

---

① 祖琇：《僧宝正续传》，蓝吉富编《禅宗全书》第4册，第607页。

位时。 但无论如何，这都是毫无根据的，究其根源，不过跟随惠洪乱说而已。

那么陶岳所撰《五代史补》中有关谦光赏花赋诗的真伪考据又如何呢？ 按《五代史补》成书于大中祥符五年（1012），比惠洪《冷斋夜话》成书要早近百年。 此书不拘类例，多聚遗闻轶事，作者本人说"虽同小说，颇资大猷"，《四库全书总目提要》也认为是"小说家言"，其所谓"小说"，是"街谈巷语，道听途说者之所造"的意思，如陶岳序中所说，"因思自幼及长，侍长者之座，接通人之谈，至于诸国窃据，累朝创业，其间事迹，颇曾寻究。"陶岳生年不详，为宋太宗太平兴国五年（980）进士（一说为985年），那么陶岳少年时代正是在960年前后，他听大人们谈论割据诸国的遗闻轶事，当是刚刚发生或发生不久的第一手资料。 虽然其著作中人物有时姓名错乱，个别史实存有明显错误，但其史料价值颇高，《四库全书总目提要》评价云："此书虽小说家言，然叙事首尾详具，率得其实，故欧阳修新史，司马光《通鉴》多采用之。"

相比较而言，陶岳《五代史补》写作风格整体上是比较真实的，出现个别错误率多无心之失；惠洪所撰写的《冷斋夜话》、《禅林僧宝传》等，写作风格整体上偏于浮夸，其中诸多明显臆造伪托之事，有主观文学创作的倾向，就史料可信度而言，明显不如陶岳《五代史补》，而且晚了近一个世纪。 所以在《咏牡丹诗》作者是谁这个问题上，当以陶岳所说为准，亦即是谦光而非文益。

故笔者认为，从诗作内容及历史考据两方面来看，此诗并不是文益的作品，更有可能是谦光与皇帝来往时的应酬之作。 宋代及其后的禅史写作有两大恶习，一是喜欢攀援帝王贵戚、达官闻人以证明禅师道德有多高，二是喜欢显摆禅师诗作，以文采为风流。这首普通的《咏牡丹诗》恰恰满足了这两个条件，于是后世禅史写作者便热衷于把这首诗传为文益所作了。

文益逝于周显德五年闰七月，南唐纪元交泰元年，南唐政权正处在风雨飘摇的颓势之中。七月十七日，文益示疾，李璟亲自到清凉寺方丈室问候，闰七月五日，文益"剃发澡身，告众讫，跏趺而逝。"逝后"颜貌如生"，"停龛三七"，"城下诸寺院，具威仪迎引。"《景德传灯录》云："公卿李建勋已下素服，奉全身于江宁县丹阳乡起塔。"《宋高僧传》云，"俾城下僧寺具威仪礼迎，引奉全身于江宁县丹阳乡起塔焉"，是说金陵城内诸寺礼迎后，便在江宁县丹阳乡建塔供奉全身舍利，并没有提到公卿素服祭奠之事。至于李建勋为文益素服之事，更是不可能的。

李建勋（872—952）是南唐重臣，徐温的女婿，李昇代吴，李建勋参与谋划，李唐开国，为左仆射亦即相国；李璟继位，建勋仍辅政，保大六年前后申请致仕，归隐钟山。保大十年（952）五月，李建勋逝世。《十国春秋》云："（保大十年）五月，致仕司徒李建勋卒。"[①]此时距离文益辞世还有六年，所以《景德传灯录》、《释氏通鉴》、《禅林僧宝传》、《五灯会元》等禅史灯录中所谓"公卿李建勋素服"的记载都是以讹传讹。这也是笔者前面所说后世禅史写作"喜欢攀援帝王贵戚、达官闻人以证明禅师道德有多高"之恶习的又一例证。

---

① 《十国春秋》，第219页。

第四章

法眼宗的创立

第一节　金陵传法的法眼弟子

　　文益被称为"法眼禅师"，是因为逝后李璟谥之为"大法眼禅师"，全身舍利塔被称为"无相"。李煜在金陵创建报慈禅院，文益的弟子行言出任主持，聚徒两千多人，应行言请求，李煜再谥文益为"大智藏大导师"，并"为碑颂德，韩熙载撰塔铭。"①不过这是文益去世多年后的事情，丛林中盛传的还是"大法眼禅师"的谥号。

　　关于"法眼宗"的创立，《释氏稽古略》云：

---

　　① 【宋】赞宁：《宋高僧传》卷 13，大 50 册 788 页中。

师入室弟子四十三人,各导一方,随根悟入者不可胜纪,师嗣地藏琛,琛嗣玄沙备,备嗣雪峰存禅师,宗门尊仰其道曰"法眼宗"。①

《佛祖历代通载》则云:

诸方丛林咸仰风化,致异域有慕其法者涉远而至,嗣子德韶国师、文遂江南国导师、惠炬高丽国师传化焉。师调机顺物,斥滞磨昏,凡举古德三昧,或呈解请益,皆应病与药,随根悟入者不可胜纪,寻以韶国师等化旺东南,遂刓法眼宗旨。②

"法眼宗"之名称出现在文益逝后。③ 法眼宗之形成有两个方面的重要原因:一是文益门下开悟弟子众多,其中不少成为当时丛林中的领袖人物,在江南禅林中有着举足轻重的影响;二是玄沙—桂琛—文益一系的教学方法有着鲜明的特色,而且成效显著,"随根悟入者不可胜纪",为了与其他四家已经形成的禅宗宗派之宗旨区别,文益弟子及其他学者有意倡导法眼禅师的"宗旨",因而创立了"法眼宗"。④

---

① 【元】觉岸:《释氏稽古略》卷3,大49册854页中。
② 【元】念常:《佛祖历代通载》卷17,大49册655页下。
③ 蓝日昌认为,宗派观念大成于宋代,说隋唐佛教是宗派佛教其实是一种误读。"宗派之正名始自五代与宋初。""争道统乃宋人的想法,也因道统之争,宗派之区别才愈形重要,而这些都是宋人的观念,宗派的观念是由后人向上追溯的,而始于中唐,而大成于宋代,也因如此,所宗派及宗祖代传一人的传承观念是道统观念的架构,非历史性的构成。"《宗派与灯统——论隋唐佛教宗派观念的发展》,《成大宗教与文化学报》2004年第4期。
④ 蓝日昌认为宗派观念形成的要素有:是否真有立宗派的教主,是否有祖师指定立传法弟子之事;宗派是否有独树一格的仪式或教义;宗派间关系如何等等。同上。笔者认为,法眼宗成立是当时历史大环境下的产物,初期或者只是为了区分法眼弟子所学禅法与其他各家的不同而有所标榜,其后逐渐被定格为禅宗一家宗派。

《景德传灯录》中记载文益门下嗣法弟子 63 人，其中 43 人有机缘语句。 这都是出世传法的弟子，开悟后因机缘不足或者修行程度不到而没有开堂的门徒应该更多，所以《佛祖历代通载》说"随根悟入者不可胜纪"。 这些开堂传法的弟子，大都在江西、浙江一带弘化，其中皎然杰出者不乏其人，例如在金陵传法的文遂导师、行言导师、泰钦禅师、玄则禅师、智筠禅师、匡逸禅师等人，在杭州传法的德韶国师、慧明禅师、道潜禅师、清耸禅师等人，另外还有高丽国道峰山的慧炬国师等。 本节首先叙述文益门下在金陵传法的著名弟子。

文遂，杭州人，俗姓陆，丱岁出家，十六岁后禅教俱习，曾注释《楞严经》。 完成后到金陵拜见文益，说自己的注释"深符经旨"。文益问道：《楞严经》中岂不是有八还义吗，那么明还什么？"文遂回答："明还日轮。"文益接着问道，"日还什么？"文遂答不上来。 文益命他焚毁楞严经注释书，跟随自己专心参究。 文遂后来出世，先住吉州止观寺，文益逝后五年，即北宋乾德二年（963），李煜邀请文遂来到金陵，主持长庆道场，后来迁居清凉道场，再主持后主新建的报慈大道场，"署雷音觉海大导师，礼待异乎他等。"①后世称文遂为"江南国导师"，便是由此而来。

文遂之"大导师"称号，基本上等同于"国师"，是一种至高无上的荣称，中国历史上获此殊荣的僧人非常少，如《大宋僧史略》"国师"条云：

---

① 【宋】道原：《景德传灯录》卷 25，大 51 册 411 页下。

西域之法推重其人，内外攸同，正邪俱有。昔尼犍子信婆罗门法，国王封为国师；内则学通三藏，兼达五明，举国归依，乃彰斯号。声教东渐，唯北齐有高僧法常，初演毘尼，有声邺下，后讲涅槃，并受禅数，齐王崇为国师，国师之号自常公始也。殆陈隋之代，有天台知顗禅师，为陈宣隋炀菩萨戒师，故时号国师；至则天朝，神秀领徒荆州，召入京师，中睿玄四朝皆号为国师；后有禅门慧忠，肃代之时，入官禁中，说禅观法，亦号国师；元和中，勅署知玄曰悟达国师。若偏霸之国，则蜀后主赐右街僧录光业为佑圣国师，吴越称德韶为国师，江南唐国署文遂为国大导师也。①

鼓山神晏也曾被尊称为"国师"。文益门下，除文遂、德韶、高丽国慧炬获此称号外，还有行言禅师，也被称为"导师"。一门四"国师"，这在佛教史上是极为罕见的。

行言，泉州晋江人，得法于文益，"江南国主新建报慈大道场，命师大阐宗猷，海会二千余众，别署导师之号。"②《十国春秋》云：

僧行言，泉州人，后主建报慈院，令行言大阐宗风，会众两千余人，署号曰元（玄）觉导师。行言升堂，有云："示生非生，应灭非灭，生灭洞已，乃曰真常。"言又曰："言假则影散千途，论真则一空绝迹。"皆为见道之言。③

南唐后主李煜署号行言为"玄觉导师"，《十国春秋》因为避讳而

———————————————

① 【宋】赞宁：《大宋僧史略》卷2，大54册244页下。
② 道原前引书414页上。
③ 《十国春秋》，第469页。

称"元觉导师"，"报慈院"应当是李煜为纪念李璟而在金陵新建的一处道场，聚徒两千多人，可谓规模空前，如文益另一门徒泰钦禅师所说，"须知侥忝我国主凡所胜地建一道场，所须不阙"，[1]如果没有南唐朝廷的鼎力支持，这么大的道场，是很难维持下去的。

泰钦禅师，早期在文益会中"辩才无碍、解悟逸格"，却并不为人知，而且还出过问题。泰钦从清凉道场出来，先到扬州传法，他性格大咧咧的，不太重视戒律，一次外出，过时未归，一时传为笑谈，这样扬州就呆不下去了，文益只好把他召回，让他在清凉道场当浴头。有一次文益问众弟子："虎项下金铃何人解得？"弟子们的回答都不能令文益满意，泰钦回来回答道，"大家为什么不说系铃的人能解下来呢？"这才引起大家的重视。泰钦再出世，先住洪州幽谷山双林院，后住上蓝护国院，再住金陵龙光院，最后大概在文益逝后三年左右，受李煜邀请入住清凉道场。此处毕竟是文益最后主持之地，所以泰钦初上堂便有僧问："法眼一灯分照天下，和尚一灯分付何人？"泰钦回答："法眼什么处分照来？"《景德传灯录》还记载云：

江南国主为郑王时，受心法于净慧之室。暨净慧入灭，复尝问于师曰："先师有什么不了底公案？"师对曰："见分析次。"异日又问曰："承闻长老于先师有异闻底事？"师作起身势，国主曰："且坐。"[2]

泰钦初开堂时曾说道，"山僧本欲居山，藏拙养病过时，奈缘先师

---

① 道原前引书415页中。
② 同上。

有未了底公案，出来与他了却。"所以李煜有此一问。李煜未登基受封为郑王，此处说他是文益的入室弟子。泰钦在清凉道场主持十二年左右，逝于开宝七年（973）。

玄则禅师，滑州卫南人，曾在清凉道场任监院，从不入室请益。有一次文益问他："监院为什么不来入室？"玄则回答说，自己曾参问青峰"如何是学人自己"，青峰说道，"丙丁童子来求火"，自己在此句下开悟。文益说道，"这句话是不错，不过怕你错会。你再说说看。"玄则回答道，"丙丁属火，以火求火，就像我本是佛更去觅佛一样。"文益说道，"监院果然理解错了。"玄则大怒，只身渡江而去，文益说，这个人如果回来还有救，否则救不得了。玄则走到半路上寻思道，"文益是五百人善知识，不可能骗我啊？"于是又回到清凉道场参问文益："如何是佛？"文益回答道："丙丁童子来求火。"玄则大悟。后来受邀主持报恩禅院，开堂日，李璟和文益都来送座，有僧出班问道，"龙吟雾起，虎啸风生，学人知是出世边事，到此为甚么不会？"玄则答道，"会取好。"这个僧人抬头看看玄则，又回头看看文益，竟不礼拜，抽身入众。大家惊诧不已，李璟和文益也是吃惊不小，这明明是不认可玄则的答话。下堂回来，文益回到方丈室，让人把问话僧叫来，问道，"上座刚才问话，堂头和尚已经许你具眼，人天众前，为什么不礼拜，却要加以掩盖？"文益边说边"搣（击打）一坐具"。三天后这个僧人"吐光而终"。

玄则曾上堂说法道：

好个话头，只是无人解问得，所以劳他古人三度唤之，诸人即不劳他唤也,此即且从古人意,作么生还说得么,千佛出世,亦不增一丝毫,六道轮回也不减一丝毫,皎皎地现无丝头翳碍。古人道,但有纤毫即是尘,且如今物象巍然地,作么生消遣得,汝若于此消遣不得,便是凡夫境界。然也莫嫌朴实说话,也莫嫌说着祖佛,何以故?见说祖佛便拟超越去,若怎么会,大没交涉。也须仔细详究看,不见他古德究离生死,亦无剃头剪爪工夫,如今看见大难继续。①

玄则此处所说话头是南阳忠国师唤侍者故事:"忠国师一日唤侍者,侍者应喏,如是三召三应,国师云,将谓吾辜负汝,却是汝辜负吾。"玄则所做开示,仍是从目前机境入手启发学人悟去,并不避讳"朴实说话"以及说着佛祖,这可以看作是一种法眼家风。

智筠禅师,河中府人,俗姓王,原来跟着抚州龙济山绍修禅师参学了很长的时间,不过没有契入,后来到金陵报恩禅院随文益参学,顿悟玄旨,先住庐山栖贤院,北宋乾德三年(965),"江南国主仰师道化,于北苑建大道场曰净德,延请居之,署大禅师之号。"②李煜所署之号为"达观禅师"。不过智筠向往的是山林生活,经常说"吾不能投身岩谷灭迹市廛,而出入禁庭以重烦世主,吾之过也。"屡请归山,李煜便让他到庐山五峰栖玄院驻锡。北宋开宝二年(969)示寂。

李煜对于智筠禅师非常敬重。在他居住的栖玄院中,有三十幅南唐国主写给他的问候书信、敕书等,其中三幅是李璟书写赠给智筠的,

① 同上413页中下。
② 同上414页中。

二十七幅是李煜所书。① 《禅宗正脉》记录智筠禅师一则语录云：

> 从上诸圣方便门不少，大底只要诸仁者有个见处，然虽未见，且不参
> 差一丝发许。诸仁者亦未尝违背一丝发许，何以故？烜赫地显露，如今便
> 会取，更不费一豪气力，还省要么？设道毘卢有师，法身有主，斯乃抑扬、
> 对机施设，诸仁者作么生会对底道理？若也会且莫嫌他佛语，莫重祖师，
> 直下是自己，眼明始得。②

当下便是，拟议便差，当阳便透，不费丝毫力气。这仍是法眼
家风。

文益弟子中，还有道钦禅师，也是先在庐山栖贤院开法，后来受李
煜之请主持金陵章义道场。道钦禅师比较喜欢《肇论》，上堂说法常引
用其中语句，如他在庐山开法时所说：

> 道远乎哉，触事而真。圣远乎哉，体之则神。我寻常示汝，何不向衣
> 钵下坐地直下参取，要须上来讨个什么？既上来，我即事不获已，便举古
> 德少许方便，抖擞些子龟毛兔角解落，诸上座欲得省要么，僧堂里三门下
> 寮舍里参取好。③

---

① 《庐山记》云："五峰延福院有南唐所赐达观禅师智筠手制三十道，三道元宗所署，余皆
后主。智筠河中人，保大中住栖贤院，开宝中诏住清凉寺，后归五峰，初号幽栖院，后名栖玄兰
若，祥符元年改延福。"【宋】陈舜俞：《庐山记》卷 2，大 51 册 1035 页下。
② 【明】《禅宗正脉》卷 5，续 85 册 456 中。
③ 道原前引书卷 25，411 页上。

金陵章义道场开堂说法，也引用《肇论》语句：

总来遮里立作什么，善知识如河沙数，常与汝为伴，行住坐卧不相舍离。但长连床上稳坐地，十方善知识自来参，上座何不信取？作得如许多难易。他古圣嗟见今时人不奈何了，乃曰："伤夫人情之惑久矣，目对真而不觉。"此乃嗟汝诸人看却不知。且道看却什么不知？何不体察古人方便，只为信之不及，致得如此，诸上座但于佛法中留心，无不得者。无事体道去。①

玄沙从《楞严经》发明心地，桂琛接引文益，也曾与之讨论过《肇论》中的"天地与我同根"；如前面说到的文遂"大导师"，精研《楞严经》，文益便以其所知解者加以方面接引，使之悟入实相，文益当年在抚州崇寿禅院能够吸引"诸方会下有存知解者翕然而至"，道理正在于此。至文益门徒，有的喜欢引用《肇论》等经论语句阐述禅宗心要，这便和其他几家禅宗宗派有所不同。对于参学教理经年的"存知解之徒"，法眼一系有着更为对机的教学方法，从宗出教、以教阐宗可谓是法眼宗的特色之一，这一特点亦见之于法安禅师的说法之中，

法安禅师，"印心于法眼之室"，曾经主持抚州崇寿禅寺，为第四世，后李煜邀请主持报恩禅院，署号"慧济禅师"，开宝年间在报恩禅院示灭。与道钦禅师相仿，法安说法也喜欢引用佛教经论中的语句，如他在崇寿禅院说法：

---

① 同上。

知幻即离不作方便,离幻即觉亦无渐次。诸上座且作么生会?不作方便,又无渐次,古人意在什么处?若会得,诸佛常见前,若未会,莫向《圆觉经》里讨。夫佛法亘古亘今未尝不见前,诸上座一切时中咸承此威光,须具大信根荷担得起始得。不见佛赞猛利度人堪为器用,亦不赏他向善久修净业者,要似他广额凶屠,抛下操刀,便证阿罗汉果,直须怎么始得。所以长者道,如将梵位直授凡庸。①

法安或许对《圆觉经》颇有研究,所以在说法时引用其中语句作为教学诱导之因。

匡逸禅师,明州人,初住润州慈云,后李煜邀请主持金陵报恩禅院,署号"凝密禅师",他上堂说法云:

依而行之即无累矣,还信么?如太阳赫奕皎然地,更莫思量,思量不及,设尔思量得及,唤作分限智慧。不见先德云,人无心合道,道无心合人。人道既合,是名无事人。且自何而凡,自何而圣?此若未会,也只为迷情所覆,便去不得,迷时即有窒碍,为对为待,种种不同,忽然惺去,亦无所得。譬如演若达多认影为头,岂不是担头觅头?然正迷之时,头且不失,及乎悟去,亦不为得,何以故?人迷谓之失,人悟谓之得,得失在于人,何关于动静?②

匡逸禅师说法引用的"演若达多"故事出自《楞严经》。其实他第

---

①　同上,415 页下。
②　同上,411 页中。

一句"依而行之即无累矣"也是一个典故，南阳忠国师临终时，学人请求开导，国师说，"教有明文，依而行之即无累矣，吾何言哉？"从道钦、法安、匡逸三位禅师说法中喜引用佛教经论中的语句、故事及禅师语录这一风格中，我们不难看出法眼从宗出教、以教阐宗之家风。

文益弟子中也有先住金陵寺院，后来迁住他处的，如从显禅师，泉州莆田人，得文益认可后，先住昇州妙果院，后至洪州观音院开堂传法，从学者颇为众多。洪州观音院是一处著名的禅宗道场，大中十三年（859）韦宙创立，延请沩仰宗的第二代祖师仰山慧寂禅师前来驻锡，慧寂自袁州仰山迁至此处。《宋高僧传》说仰山会下"海众抠衣得道者不可胜计，往往有神异之者，倏来忽去，人皆不测。"洪州观音院中也不乏"神异"之事，如有会腾空的罗汉来拜见慧寂；咸通年间，无著文喜禅师前来观音院参访慧寂，充当典座，文殊菩萨现身粥镬，文喜拿起搅粥篦子便打，说，"文殊自文殊，文喜自文喜。"文殊菩萨说偈云："苦瓠连根苦，甜瓜彻蒂甜。修行三大劫，却被老僧嫌。"还有一次，有僧人到观音院求斋食，文喜把自己的饭食分一半给他，慧寂说，这个僧人是一位果位上的圣人。① 从显在此主持，自然是望重禅林。从显上堂说法，仍是法眼宗"以教阐宗"的家风：

文殊深赞居士,未审居士受赞也无？若受赞,何处有居士耶？若不受赞,文殊不可虚发言。大众作么生会？若会,真个衲僧。

---

① 《五灯会元》卷 9,续 80 册 193 页中。

卢行者当时大庾岭头为明上座言：莫思善、莫思恶，还我明上座本来面目来。观音今日不恁么道，还我明上座来，怎么道是曹溪子孙，若是曹溪子孙，又争合除却四字，若不是又过在什么处？试出来商量看。①

从显所说，是《维摩诘所说经》"入不二法门品"中的内容：文殊师利问维摩诘："我等各自说已，仁者当说何等是菩萨入不二法门？"时维摩诘默然无言。文殊师利叹曰："善哉！善哉！乃至无有文字、语言，是真入不二法门。"可见从显禅师对于《维摩诘所说经》所说经的内容是非常熟悉的。第二则引用的是《六祖坛经》的故事。

综上所述，南唐时期在金陵及附近地区开堂传法的文益弟子为数众多，且影响巨大，并在实际的传法中继承了创韧于师备、桂琛，发扬光大于文益的某种迥异于其他禅宗门派、支流的禅风，如本节梳理、总结的"不避讳朴实说话及说着佛祖"、"当下便是，当阳便透"、"从宗出教、以教阐宗"等等。这些都是法眼宗得以成立的必不可少的因素。

第二节　杭州地区附近传法的法眼弟子

五代后期以至北宋初年，吴越佛教兴盛一时。关于这一时期吴越佛教的概况及其影响，藤堂恭俊《中国佛教史》中云：

显示中国文化普及地方的佳例之一是，吴、南唐、前蜀、后蜀、闽、楚、

---

① 道原前引书 417 页中。

南汉、荆南、北汉、吴越等十国佛教的隆盛。……在这样的趋势中,值得注意的是建都于杭州的钱氏吴越国之佛教,钱氏领有两浙之地十三州,……共有五世七十二年。而在这七十多年中,善能保持其国之平静,几乎从未遭遇过战祸,因此其佛教文化以杭州为中心而兴盛一时,是值得大书特书的事。原来以长安、洛阳为中心的隋唐佛教转换成以杭州为中心的吴越佛教文化,此杭州的佛教,为后来杭州、扬州、福州、广州为中心的近世宋元佛教奠定了稳固的基础。……吴越国最后一代君主钱弘俶(929—988)……也是太祖之后的著名佛教外护者。……(吴越钱氏)建立了大小几百座寺院,成为净土、天台、律、禅、华严等各宗竞先兴起的佛教王国。此地后来历经北宋、南宋,成为中国佛教的一大圣地以至近代,吴越钱氏功不可没。①

　　文益弟子进入杭州地区传禅,可谓躬逢其时。当时进入这一地区传法的文益门下弟子为数不少,且影响巨大,到了他们的第二代传人时,逐渐成为吴越禅宗的主流。这都是法眼宗得以成立的原因。

　　法眼宗第一代弟子进入杭州地区传法的禅师中,最为著名的当属德韶与慧明。

　　德韶(891—972),处州龙泉人,俗姓陈,十五岁出家。梁开平年间参访投子大同禅师,后参访龙牙居遁禅师、疏山本仁禅师等,据说先后参访了五十四位禅师,最后在抚州崇寿寺拜谒文益,他倦于参问,随众而已。一日文益上堂,有僧问:"如何是曹源一滴水?"文益回答:

---

　　①　藤堂恭俊:《中国佛教史》(下),第11—14页,华宇出版社。

"是曹源一滴水。"问话僧惘然，旁边的德韶却豁然开悟，"平生疑滞涣若冰释。"文益肯定他的开悟，并预言他将来会为"国王所师"，并能广大祖道。德韶开悟后又跟随文益学习，"自是诸方异唱、古今玄键，与之抉择，不留微迹。"

德韶回到江浙一带，初止白沙，适逢钱弘俶任台州刺史，《十国春秋》记载云，"开运四年（947）春三月庚寅，出镇台州"，弘俶；宝正四年（929）生人，时年18岁。德韶有缘与弘俶交往，预言其将来会成为"霸主"，嘱托其不要辜负佛恩。当年七月，弘俶的哥哥忠逊王弘倧急召弘俶回杭州"同参相府事"，当时吴越国的政治形势混沌不明，弘俶不知何去何从，或者问计于德韶，德韶劝他急归，不然将不利。十月，弘俶回到杭州。十二月有内牙统军使胡进思之变，弘倧被废，次年，胡进思迎立弘俶为吴越忠懿王，后汉乾祐元年，弘俶嗣国王位，即派遣使者到台州迎接德韶赴杭州，并申之以弟子之礼，尊为国师。法眼之道法开始进入吴越一带弘传。在德韶的请求下，弘俶帮助天台宗義寂法师从新罗国缮写智者之教回国，这些文本在国内都已经散佚了。这在天台宗史上是一件大事。

德韶在吴越弘传法眼之道，灯录中记载他曾在般若寺"开堂说法十二会"，此般若寺是在天台山中。德韶说法，前来参学的僧人，多就经论中的言句加以参问，如："若人见般若即被般若缚。若人不见般若亦被般若缚。既见般若为什么却被缚？"，"归源性无二，方便有多门，如何是归源性？""三世诸佛不知有，狸奴白牯却知有，既是三世诸佛，为什么却不知有？""承教有言：眼不见色尘，意不知诸法，如何是眼不见色尘？""承古有言：有物先天地，无形本寂寥，如何是有物先天地？""承先德云：人空法亦空，二相本来同，如何是二相本来同？"而德韶说法中也多引用经论语句，如《信心铭》中的"圆同太虚，无欠无余"，《肇论》中的"法身无相，触目皆形，般若无知，对缘而照"，《维摩诘所说经》中的"于无住本建立诸法"等等，显见德韶继承了文益善接知解之徒的禅风。德韶曾有言云：

　　如来一大藏经，卷卷皆说佛理，句句尽言佛心，因甚么得不会去？若一向织络言教、意识解会，上座，经尘沙劫，亦不能得彻，此唤作颠倒知见、识心活计，并无得力处，此盖为跟下不明。若究尽诸佛法源，河沙大藏，一时现前，不欠丝毫，不剩丝毫。诸佛时常出世，时常说法度人，未曾间歇，乃至猿啼鸟叫，草木丛林，常助上座发机，未有一时不为上座。有如是奇特处。①

　　这一番话，不妨视为德韶禅法之纲要也。德韶认为，经论中说的甚是明确，学人不会，缘于"织络言教、意识作解"，根本在于脚跟下不明；如果明的，则经论中所说并无别事；而且一切机境如猿啼鸟鸣、草木丛林，也都在时时助发学人悟去。如此则言教经论、生活中的各种机境，并不会阻碍学人发悟，反而是学人开悟的助缘，故禅师说法时观机斗教，不妨有种种借用。应当看到，这一禅法纲要和玄沙—桂琛—文益的禅学是一脉相承的。

　　在吴越地区真正"唱响"法眼之道的是慧明禅师。他是钱塘人，曾

---

① 道原前引书卷 25，409 页中。

在福建、吴越等地游历禅会，后在抚州崇寿寺文益会下发明本心，师资道合，后回到鄞水大梅山庵居。《宋高僧传》说慧明"研核三学渐入精微"，在文益会下开悟后，"悟先所宗不免生灭情见"。慧明回到吴越后有意识地倡导文益之道，其所谓"玄沙正宗"是也，认为吴越内部禅学者虽然众多，但对于"玄沙正宗"不甚了解或者有些排斥，——"吴越部内禅学者虽盛，而以玄沙正宗置之阃外，师欲整而导之"，便在大梅山诱导学人，"到者皆崩角摧锋"，他的性格又是"刚直言多忤物"，对于吴越诸方禅法难免有严厉的批评，有不服气的便到处说慧明所说为"魔说"。这样一来便引起了吴越地区其他禅师的关注。

后汉乾祐年间，钱弘俶迎入王府，命住杭州资崇寺。慧明到杭州后，仍旧极力提倡文益之道，所谓"师盛谈玄沙宗一大师及地藏、法眼宗旨臻极"，亦即认为这一系的禅法才是正宗而到家的，仍旧品评其他禅法的不足。其他宗派的禅师早就对慧明有所不满，现在他跑到吴越政治中心"大放厥词"，那可真是"是可忍孰不可忍"，于是由翠岩令参禅师出面，要求与慧明辩论禅法宗旨。在钱弘俶的安排下，"翠岩令参等诸禅匠及城下名公定其胜负"。《宋高僧传》则说乾祐年间，慧明自己出山，令参等人"于僧主思宪院定其臧否"，似乎这只是僧团内部的事情。令参就是四明翠岩禅师，为雪峰义存的弟子，德韶、慧明没有回来前吴越之地最著名的禅师之一，延寿出家，便是投在他的门下。令参先住四明，后住杭州龙册寺。龙册寺是文穆王钱氏专门为雪峰义存另一弟子道怤建造的一座寺院，吴越禅学就是从道怤开始兴盛起来的。道怤逝于天福丁酉岁。

值得注意的是，雪峰弟子如道怤、令参等人已经是吴越之地禅门的领袖人物，开创吴越禅学兴盛之局面，他们功不可没，而且从辈份上说，算是文益的"师爷"，德韶、慧明等人的"太师爷"，因为他们与桂琛的老师玄沙都是雪峰义存门下的弟子。慧明来到杭州地区，所倡导的禅法是所谓"玄沙正宗"，前面我们已经分析过，玄沙禅法与雪峰是有所不同的，慧明又心直口快，这样双方或许会有所龃龉。这难免会让我们联想起几十年前神晏欺凌桂琛之事。德高望重、比慧明辈份高出三辈的令参当然有资格充任这次"法战"的召集人或者主持者。令参倒不一定认定慧明所说是"魔说"。对于慧明所传承的玄沙——桂琛——文益一系的禅法，他是完全有资格加以品评、鉴定的。所以这一场"法战"不仅关乎慧明个人的声誉，更关乎文益之道是否可以在吴越之地流传。

关于这一场"法战"，《景德传灯录》记载云：

天龙禅师问曰："一切诸佛及佛法皆从此经出，未审此经从何而出？"师曰："道什么。"天龙方再问，师曰："过也。"

资严长老问："如何是现前三昧？"师曰："还闻么？"曰："某甲不患聋。"师曰："果然患聋。"

师举《雪峰塔铭》问老宿云："夫从缘有者始终而成坏，非从缘有者历劫而长坚，坚之与坏即且置，雪峰只今在什么处（法眼别云：只今是成是坏）？"众皆无对，设有对者亦不能当其征诘。时群彦弭伏，王大悦，命师居之，署圆通普照禅师。①

---

① 同上，410 页中。

　　明白了上述"法战"的背景，我们也就知道慧明最后为什么要以"雪峰塔铭"中的语句来咨问诸方。这是否是在提醒或者暗示令参，法眼之道或者玄沙正宗，从根源上说，仍是雪峰一系的嫡传，虽然路数与之不尽相同，但宗旨是没有问题的。对于这一点，最后的裁定者令参禅师应该也是认可的。《宋高僧传》说"明之口给无能挫衄"，"行玄沙正眼，非明曷能致此？"似乎过分强调了慧明的辩才无碍，而忽略了能够"定其（法战）胜负、臧否"的令参等"禅匠"的最后裁定的作用，而后者实际上更为关键。弘俶请"法战"胜利的慧明迁居新建的大报恩寺，于是文益之道亦即"玄沙正宗"开始堂而皇之地在吴越地区传播开来。

　　慧明另有一些非常人所及的苦行，如曾相继燃四指供佛，肋不至席等。另外如道潜禅师为了看到舍利而"苦到跪礼，更无间然"，行"三七日普贤忏"等，绍岩禅师有焚身、投江供养等惊人之举。这一类苦行或许也是法眼门下弟子的一种风格。

　　杭州地区弘传玄沙、法眼之道的文益弟子，除了德韶、慧明之外，另有道潜、清耸、绍岩、法瓌、道鸿等人。

　　道潜禅师，河中府人，俗姓武，对《华严经》有着较深的研究，所以他到抚州参访文益时，文益就问他"华严六相"之义：

　　净慧曰："总别同异成坏六相，是何门摄属？"师对曰："文在十地品中，据理则世出世间一切法皆具六相。"曰："空还具六相也无？"师懵然无对。净慧曰："子却问吾？"师乃问曰："空还具六相也无？"净慧曰："空。"师于是开悟,踊跃礼谢,净慧曰:"子作么生会?"师曰:"空。"净慧然之。①

文益善接知解之徒,能够乘机借势打破其最后知见之执著而使之悟入。从上面案例可见一斑。道潜开悟后,文益曾授记他将来会有五百徒众,而且为王侯所重。道潜回到吴越,先住衢州古寺阅大藏经。周显德元年(954),大概在德韶的推荐下,道潜接受吴越忠懿王钱弘俶"慈化定慧禅师"的署号,同年,钱弘俶建"大伽蓝,号慧日永明,请居之。"②门下常有五百人众。道潜为永明寺第一任主持,其后德韶弟子延寿住此著作《宗镜录》,遂使永明寺成为一座天下闻名的道场。永明寺后来改名为净慈寺。道潜逝于建隆二年(961)九月十八日,开宝庚午岁(970)天台韶禅师建石塔缄其真骨。

清耸禅师,福州福清县人。初参文益,有一天下雨,文益对他说,"滴滴雨滴,落在上座眼里。"清耸不明白什么意思,后来看《华严经》而有感悟,承蒙文益印可后,到明州四明山卓庵。当时的明州刺史钱弘亿是忠懿王的十弟,他母亲怀孕时梦见僧人入寝帐,生下弘亿后便给他起小名叫"和尚"。弘亿对清耸禅师非常尊崇,执师事之礼。《十国春秋》云:

忠懿王命于衣锦军两地开法,最后居国城灵隐上寺,署了悟禅师。开宝四年,忠懿王阅《华严经》,因询天冠菩萨住处,大会高僧无有知者。清耸习闻其处,遂遣使至闽支提山得《华严经》八十二本,仿佛见天冠千躯,

---

① 同上,412页中。
② 《十国春秋》:是岁(显德元年),建慧日永明院,迎僧道潜居之。《十国春秋》,第1154页。

金灯四耀,随奏王捐金建寺,铸天冠铜容,循海而来。会飓风作,舟人以半沉水,及抵寺,其半投水者已至。国人莫不异之。①

《释氏通鉴》亦云:

吴越忠懿王留心释教,嗣位之初,凡两浙诸郡名山圣迹之处,皆赐金帛创建伽蓝。福州支提山乃天冠菩萨道场,王施七宝,铸天冠像一千身,仍创寺宇,宏丽甲于七闽焉。②

按《华严经》卷四五中说,"东南方有处名支提山,从昔已来,诸菩萨众于中止住;现有菩萨,名曰天冠,与其眷属、诸菩萨众一千人俱,常在其中而演说法。"华严宗祖师澄观认为,从地理位置上来说,华严经所说东北处的"清凉山"既然是五台山③,那么东南方的"支提山"就应该在吴越之地。吴越灵山虽多,山形像支提(塔)的只有天台南部的赤城山,其中又有白道猷的遗踪。不过这只是一种猜测,澄观说,要确定下来,还是"希后贤以审之"。④

天宝年间,朝鲜半岛有一位僧人元表,往西域瞻礼圣迹,遇到"心王菩萨"指点,说支提山在中国福建长溪县的霍童山,他便背负着华严经八十卷前来寻访天冠菩萨,"至支提石室而宅焉","栖泊涧饮木

① 《十国春秋》,第 1290 页。
② 【宋】本觉编《释氏通鉴》卷 12,续 76 册 132 页上。
③ 澄观认为,"东北方有处,名:清凉山,从昔已来,诸菩萨众于中止住;现有菩萨,名:文殊师利,与其眷属、诸菩萨众一万人俱,常在其中而演说法。"【唐】澄观:《大方广佛华严经疏》卷 47,大 35 册 860 页上。
④ 同上。

食"。会昌灭佛时，元表用华榈木函包裹《华严经》藏在石室中，"后
不知出处之踪矣。"又过了 100 年，到了宣宗大中年间，慧评禅师率人
来到石室，取出《华严经》，"其纸墨如新缮写。"还有一位本净禅师，
也听说霍童山就是华严经中所说的天冠菩萨说法之地，而且据当地樵夫
说，经常听到山中有天乐之声，有异香鸟兽之瑞，他便来到山中结茅而
居，其间还有驯服龙虎的传说。本净最后也不知所终。这都是关于福
建霍童山为华严经所说天冠菩萨支提山的传说。

钱弘俶可能阅读了澄观的《华严经注疏》，看到天冠菩萨的支提山
就在吴越之内的猜测，所以召集高僧询问。清耸禅师是看《华严经》开
悟的，对于相关注述、传说知之甚稔，所谓"习闻其处"，了解福建霍
童山即支提山的典故，因而能"道所以然甚详"。钱弘俶即派人随从清
耸前往一探究竟。据《补续高僧传》中所说：

至海滨踪迹圣境，入深山行三日，时有钟声，白猿相导而前。师至心
顶礼，见幽林中有一大刹，扁金书古佛大华严之境。既入寺，殿阁峥嵘，众
盈万指，菩萨千躯，俨然居上，异香袭人，光明射目。师默想运诚，随喜竟
夜。既曙，依然在林莽间，所见乃化刹也。师还报王，即其处建寺，如师所
见，铸天冠千身，航海入山。①

新建寺庙叫"雍熙寺"，清耸法嗣辩隆禅师曾主持传法。清耸仍
居杭州灵隐上寺开堂，其说法云：

① 《补续高僧传》卷 19，续 77 册 499 页中。

十方诸佛常在汝前,还见么?若言见,将心见、将眼见?所以道:一切法不生,一切法不灭。若能如是解,诸佛常现前。又曰:见色便见心。且唤什么作心?山河大地,万象森罗,青黄赤白,男女等相,是心不是心?若是心,为什么却成物象去?若不是心,又道见色便见心,还会么?只为迷此而成颠倒种种不同,于无同异中琼森同异。且如今直下承当,顿豁本心,皎然无一物可作见闻,若离心别求解脱者,古人唤作迷波讨源,卒难晓悟。①

藉教说法、引教入宗,仍旧是法眼宗门徒常见的说法路数。

绍岩禅师,雍州人,俗姓刘。他和德韶同参文益开悟后,来到吴越,楼息天台四明山之中,后到钱塘湖水心寺挂锡。文益门下,绍岩算是比较特立独行的一位,他修行在净土,昼夜持诵《法华经》,感得庭院中的陆地上生出莲花来,全城轰动。北宋建隆年间(961),绍岩另有焚身、投江供养之举,钱弘俶加以劝阻,延请至杭州真身宝塔寺栖止开堂。绍岩上堂说法云:

山僧素寡知见,本期闲放,念经待死,岂谓今日大王勤重,苦勉山僧,效诸方宿德施张法筵。然大王致请也,只图诸仁者明心,此外无别道理,诸仁者还明心也未?莫不是语言谈笑时、凝然杜默时、参寻知识时、道伴商略时。观山玩水时、耳目绝对时是汝心否?如上所解,尽为魔魅所摄,岂曰明心?更有一类人离身中妄想,外别认遍十方世界含日月、包太虚谓

① 道原前引书413页上。

是本来真心,斯亦外道所计,非明心也。诸仁者,要会么？心无是者、亦无不是者,汝拟执认,其可得乎？①

绍岩逝于开宝四年（971），留语云："诸行无常即常住相。"太师孙承佑为碑纪述。

另外还有法璀禅师在杭州奉先寺出世,道鸿禅师在杭州慧日永明寺出世等。

德韶逝于开宝五年（972）六月,《宋高僧传》说他"出弟子传法百许人",《景德传灯录》列有法嗣四十九人,其中三十人有机缘语句。德韶弟子大部分在吴越之地行化,间有到福建传法者。慧明、道潜等皆有法嗣传法。

法眼宗二代弟子中,影响最大的是永明延寿禅师。延寿俗姓王,钱塘人,在令参禅师门下出家,曾在天台山天柱峰九旬习定,后参德韶决择所见。钱弘俶延请在雪窦山开法,建隆元年（960）住灵隐,次年迁慧日永明寺,其道行声名远播海外,高丽国王曾遣使问讯,开宝八年（975）示寂。

延寿所著《宗镜录》后世影响巨大,其"立心为宗",开篇即讨论禅宗宗旨与教论之间的关系,可以视为法眼宗"宗"、"教"观的一种总结。总结来看,延寿认为：

（1）禅宗是"无宗之宗",经教只是开发学人心性的一种方便指示,不可执方便为究竟,也不可废方便而绝后陈。禅宗祖师有的不许

_____

① 同上,415 页中。

看教，"恐虑不详佛语，随文生解，失于佛意，以负初心。"如能因诠得旨，直了佛心，看教乃至引用经教说法也没有什么问题。

（2）经教的圣言恰好可以作为禅宗开悟的评判标准，以此为定量，则邪伪难移，说法时"用至教为指南，依凭有据"。所以"凡称知识，法尔须明佛语，印可自心。若不与了义一乘圆教相应，设证圣果，亦非究竟。"

（3）研究佛教经论，必须"一一须消归自己，言言使冥合真心"，便与宗门之悟无别；如果执文解义、随语生见，非但与禅门毫无交涉，而且违背经教本意。

（4）木匪绳而靡直，理非教而不圆，教有助道之力。初心学者未省发前，必须凭借经教修行进道；开悟后详细研读，则"法利无边"，有助于更进一步的证悟。①

这是延寿在《宗镜录》中对于禅之"宗"与佛之"教"关系的一种总结论证，是对本门前四代师资教法的一种总结，也可视为法眼宗有别于其他宗派的一种传授风格。

总之，德韶、慧明等法眼宗弟子进入吴越之地传播文益的禅法，几十年间，到第二代弟子时，法眼宗在吴越地区的势力大盛，远非其他禅宗门派所能比拟。吴越之地的法眼宗弟子在传承中又有鲜明的风格及独特的诱导、教学路数，由此建立了门风。这都是法眼宗得以成立的条件或因缘。

① 延寿:《宗镜录》卷1，大48册418页。

第三节　法眼宗的成立

　　文益及其弟子之时代，禅宗宗派意识已经觉醒。 文益说"德山、林际（临济）、沩仰、曹洞、雪峰、云门等，各有门庭施设，高下品提"，这是当时人们对不同师承之教学风格、习惯的一种总结。 半个世纪后的汾阳无德禅师著有《广智歌》一篇，列举十五家"宗风"，其中有"马祖宗派"、"洞山宗派"、"石霜宗派"、"沩仰宗派"、"石头药山宗派"、"雪峰地藏宗派"、"云门宗派"、"德山临济宗派"等。对于无德禅师作《广智歌》的目的，道霈认为：

　　永嘉云："六代传衣天下闻，后人得道无穷数。"而汾阳亦云："信衣息，广开机，诸方老宿任施为。"所以当时宗风，层见迭出，而世唯称五家宗派者，据盛者言之耳。汾阳历参七十余员知识，尽得诸宗家法，故一一颂出，使知曹溪之后，生机一路，日出日新，必英灵出格之士，始能一以贯之。若夫小根劣器，步步区区，各师其师，各宗其宗者，可得同日而语哉？①

　　无德认为，唐末五代时期禅宗不同宗风乃至不同宗派的形成，是六祖留衣不传的结果，因为表示传法正宗的袈裟不再往下传承，各家宗师"任施为"，因而形成各种不同的宗风。 道霈认为，后世习称的禅宗五

　　① 【清】道霈：《圣箭堂述古》卷 1，续 73 册 454 页上。

家，都是最为兴盛的，而无德之所以作《广智歌》，是希望后来学者不要墨守一宗一派，才能使自己的智慧日益广大。

中国禅宗形成不同的宗风、宗派，与禅宗传承制度有关。禅宗讲究"以心传心"，心神契会，宗师便加以印可，并无其他事相上的证明。被认可而兼有福缘者才有出山资格，其开堂说法，必然要说明或标榜自己的师承，一则感恩，二则征信，即表示自己所悟之法是正宗传承，绝非"无尾巴禅"①。这样传承日久，自然会形成不同的派别，各个派别都具有自身鲜明的教学风格，此即"宗风"。

禅宗五家之称，最早定论于北宋仁宗嘉祐六年（1061）由契嵩完成的《传法正宗记》一书中，其时文益已经圆寂103年。契嵩是云门宗第四代弟子，他著作此书，是有感于"禅门传法祖宗未甚分明，教门浅学各执传记，古今多有诤竞，"因而造成"法道衰微"。此书正宗至六祖慧能，其下便以"大鉴之几世"称之，不再叙述其事迹。至于禅宗五家之形成，如契嵩所说：

正宗至大鉴传既广，而学者遂各务其师之说，天下于是异焉，竟自为家，故有沩仰云者、有曹洞云者、有临济云者、有云门云者、有法眼云者，若此不可悉数。而云门、临济、法眼三家之徒，于今尤盛，沩仰已熄，而曹洞者仅存，绵绵然犹大旱之引孤泉，然其盛衰者岂法有强弱也？盖后世相承得人与不得人耳。②

---

① 白云守端禅师说，"悟了须遇人始得，若不遇人，只是一个无尾巴猢狲，才弄出，人便笑。"《应庵昙华禅师语录》卷7，续69册534页上。

② 【宋】契嵩：《传法正宗记》卷8，大51册763页下。

　　出现不同的宗派，是禅宗历史发展自然形成的结果，绝非祖师有意创立。唐末五代时期，大家所习称的禅宗宗派可能不止这五家，到了北宋仁宗时期，硕果仅存者仅有四家，兴盛者只有三家，不过因为沩仰宗历史影响较大，宗风鲜明，所以列为五家之一。有些吊诡意味的是，当时"绵绵然犹大旱之引孤泉"的曹洞宗倒是绵绵不绝，与临济宗一直传承到了近代，仍旧兴盛的云门、法眼二宗不久就"熄灭"了。不过因为"明教大师"契嵩一直坚持走"上层路线"，《传法正宗记》得到了仁宗皇帝的御览及嘉叹，"赐入大藏"，一时间影响巨大，"禅宗五家"之说在后世遂成为一种定论，且有"临济痛快、沩仰谨严、曹洞细密、法眼详明、云门高古"的通俗性评价。

　　《传法正宗记》之五家祖师中，只有临济、云门、法眼三人有简略的传记。关于法眼之创宗，契嵩概括道：

　　自是学辈浸盛，江南国主李氏，闻其风遂请入都，使领清凉大伽蓝，其国礼之愈重，四方之徒归之愈多。逮今其言布于天下，号为"清凉之宗"。①

　　早在契嵩定论禅宗五家之前，大概在文益逝世前后，法眼宗已经成为一个派别——"清凉之宗"。文益所传道法，当时丛林中多有以"玄沙正宗"目之者，如《景德传灯录》便说"玄沙正宗中兴于江表"，故"清凉之宗"或"法眼宗"之成立，其道脉当从玄沙师备禅师算起，经

――――――――――

① 同上，762页上。

过桂琛、文益，至文益弟子如德韶等人之四代师资才得以成立。

法眼宗之成立，是禅宗发展的一种历史选择。探究其原因，除了江南地理环境的外部原因外，①可能有以下几个方面的因素，一是法眼文益禅师之道极为高深，或者说，法眼禅师的"法眼"之智极为深妙；二是其在实际教学中建立了独特的"宗眼"或"纲宗"；三是其在传承中形成了鲜明的风格；四是作为最晚出现的一个宗派，法眼宗有较为强烈的批判意识。先说第一个方面的原因。

文益示灭，李璟署之以"法眼"的谥号。其后经过文益弟子们的努力，特别是德韶国师行化江南，文益传承的"玄沙正宗"得以"中兴于江表"以及吴越之地，"宗门尊仰其道曰法眼宗。"法不孤起，名不虚立，从"法眼"之谥号到"法眼宗"之称谓，似乎人们公认为，"法眼"是对文益之道比较合适的一种概括或称谓。

佛教中的"法眼"有其特定含义。《阿含经》中多有佛陀弟子听法"远离尘垢，得法眼净"的说法，此当是择法之眼清净，如实见到佛道四谛之道，把握住了佛法的精髓，亦即"见谛"，《大庄严论经》云，"若得法眼者，即见牟尼尊。我得法眼净，见于灭结者。"即已经如实知道苦灭之道，如此则不为外道言论所转动。《大般若经》中，菩萨的"净法眼"是"五眼"之一种，菩萨得"净法眼"，"能如实知补特伽罗种种差别，谓如实知：此是随信行，此是随法行，此是无相行，此住

---

①　何剑明认为，法眼宗在金陵开宗，与江南地区潜在的思想因子亦有关系，如洪州禅与牛头宗彼此融合已经为之打下基础。另外江南也是玄学的发源地，所以禅宗思想的种子与江南原有的思想土壤连接起来，应当是找到了生根开花的环境。见何剑明：《论佛教法眼宗的兴盛与南唐国的衰亡》，《学海》2004 年第 5 期。亦见严耀中：《江南佛教史》之《禅学荟萃及其环境》节，本书第 195—201 页，上海人民出版社 2000 年版。

空，此住无相，此住无愿"①，此即谓得"法眼净"的菩萨能够如实知道众生之差别，特别是修行者的根器、种姓，以前修行的方法，现在的程度如何，修行障碍或问题出在哪里，应该如何对治等等。天台三观中，菩萨"从空入假观"而成"观成化物"之行，"菩萨从空入假，用道种智入菩萨位，若不滞空，如空中种树，分别药病，化众生也。"②故道种智即是法眼，所以天台空假中三观与《大智度论》三智相配，"从假入空"为大小乘之通途，得"一切智"，知一切法之总相，总相即空相；"从空入假"为菩萨道种智，"知一切种种差别之道法"；中道第一义观即佛智—"一切种智"。天台与《大智度论》中所说的"道种智"（法眼）与《大般若经》中所说的菩萨"净法眼"是一致的，亦如净影慧远《无量寿经义疏》中所说，"智能照法，故名法眼，能见一切众生根欲性心，并知一切化众生法，"③都是指菩萨为了化度众生而能够如实观察缘生种种差别之相的一种智慧。

无疑，用"法眼"称呼文益之道是比较恰切的。文益开堂传法，"调机顺物，斥滞磨昏，凡举诸方三昧，或入室呈解，或叩激请益，皆应病与药。随根悟入者，不可胜纪。"如德韶参访54位善知识，最后都倦于请问了，得文益启发而开悟，慧明"历诸禅会莫契本心"、"研核三学渐入精微"，最后在文益门下开悟……这样的例子不胜枚举，故《景德传灯录》赞扬文益能"应病与药"而使学人随根悟入，这种概括是非常准确的；再如文益授记德韶曰："汝向后当为国王所师，致祖道

① 【唐】玄奘译：《大般若波罗蜜多经》卷 8，大 5 册 43 页中。
② 【隋】智顗：《维摩经玄疏》卷 2，大 38 册 525 页下。
③ 【隋】慧远：《无量寿经义疏》卷 2，大 37 册 107 页中。

光大，吾不如也。"授记道潜曰："子向后有五百毳徒，而为王侯所重在。"……后来果然符合所记。如果文益不具备菩萨"法眼"或"道种智"，怎么可能有这种神妙莫测的智慧呢？

故法眼宗之创立，文益具有深妙的"法眼"（道种智）之智慧是最重要的一个原因。文益具有"法眼"之智慧，能如实知从学者之根性，而又有种种善巧方便使之悟入实相，因而门下得法弟子众多。在这方面，文益堪与古代最伟大的禅宗祖师如马祖、临济、洞山、雪峰、云门等比肩，而且五代宋初之际，文益的弟子们在江表、吴越之地的禅林中具有举足轻重的影响力，这是法眼宗创立最重要的一个原因。

法眼宗创立的第二个原因是其在实际教学中建立了独特的"师法"或"纲宗"。

《宗门十规论》中，文益总结四家宗派"规仪"的不同特点云：

> 曹洞则敲唱为用，临济则互换为机，韶阳则函盖截流，沩仰则方圆默契，如谷应韵，似关合符，虽差别于规仪，且无碍于融会。①

四家各有其纲宗，不可笼统颟顸，否则"对答既不辨纲宗，作用又焉知要眼，诳谬群小，欺昧圣贤，诚取笑于傍观，兼招尤于现报。"至于自身宗派，当然也有独特的"师法"或"纲宗"。如德韶开悟后，文益与之决择"诸方异唱、古今玄键"。如果说开悟是明得"根本智"，那么文益教给德韶的，便是本门的"师法"，是一种"差别智"。《五

---

① 【五代】文益:《宗门十规论》，续 63 册 37 页下。

宗原》认为：

> 得心于自，得法于师。师有人法之分，心有本别之异。根本智者，自悟彻头彻尾者是；差别智者，自悟之后，曲尽师法，以透无量法门者是。良以师必因人，人贵法妙，分宗列派，毫发不爽。故传法之源流，非独以人为源流也。①

文益教给德韶的"师法"，传承自玄沙、桂琛。在开悟的见地亦即"根本智"上，禅宗五家并无任何不同，但在进一步学习"无量法门"以剿绝情见，出世教导学人时能有"道种智"以善巧分别、绝人知解、断人命根方面，则五家便有截然不同的门庭施设，如临济宗之三玄三要、四种料拣，曹洞宗五位君臣、三种渗漏、内绍外绍、王种臣种，沩仰宗九十六圆相，云门宗之二病三光等等，此即谓"师法"，也是一种"纲宗"。正因为玄沙—桂琛—文益—德韶之历代师资教学中建立了此种独特的"师法"或"纲宗"，"法眼"才得以大器晚成，成为禅宗五家宗派之一。

《禅门锻炼说》认为，"五家立法，各有门庭，各有闑奥。"如果不是本家儿孙，在外人看来，则读阴符太公之书、如陷五花八门之阵，根本不知其中奥妙。仁王钦禅师曾比喻说，各家宗旨"如两异姓人隔壁住，彼此各不相知闺阁里事，一般是甚么说话。"例如风穴参雪峰五年，曾问道，临济入堂，两堂首座齐下一喝，僧问临济，其中还有宾主

---

① 【明】法藏：《五宗原》续 65 册 106 页下。

吗？临济说，宾主历然。风穴问其中"意旨如何？"雪峰说，我当年去见临济，途中听说已经迁化，如果要会他宾主话，须是参他宗派下尊宿。所以古代禅者开悟后，仍要依止师承多年以温研密谂，曲尽师法，并且多方行脚参访以期透彻各家堂奥，以增益差别智。惠洪《林间录》中说，如果只认定自家本分事，而视各家宗风或纲宗为"古人一期建立门庭言语"，不值得研究，则"正如不识字者执卷问屋愚子，屋愚曰：此墨填纸耳，安用问我哉？三尺童子莫不笑之。"①

五家宗派建立不同的"师法"或"纲宗"，与根本宗旨之间的关系，宗门常用一个典故比拟说明。如德韶弟子志逢大师上堂所说：

诸上座舍一知识而参一知识，尽学善财南游之式样也。且问上座，只如善财礼辞文殊拟登妙峰山谒德云比丘，及到彼所，何以德云却于别峰相见？夫教意、祖意同一方便，终无别理，彼若明得，此亦昭然。诸上座，即今簇着老僧，是相见是不相见？此处是妙峰、是别峰？脱或从此省去，可谓不孤负老僧，亦常见德云比丘。未尝刹那相舍离，还信得及么？②

《华严经》"入法界品"中说，文殊菩萨指引善财童子去南方"胜乐国妙峰山"拜见德云比丘，询问如何学修菩萨行。善财到了妙峰山，"于其山上东、西、南、北、四维上下观察求觅"，竟然找不到德云比丘，七天后才见到他在别峰徐步经行。③禅门以妙峰孤顶比拟"一味平

---

① 【宋】惠洪：《林间录》卷2，续87册270页中。
② 【宋】普济：《五灯会元》卷10，续80册211页下。
③ 【唐】实叉难陀译：《大方广佛华严经》卷62，大10册334页上。

等法门"，"向无得无失、无是无非处独露"，所以善财见不到德云比丘；二人在别峰相见，则是比拟教化言说之事皆属第二义门。禅门所谓师法或纲宗自然是"别峰相见"之事，如果未到妙峰，也还谈不上别峰相见，到了妙峰，却也废不得别峰之事。戒显《禅门锻炼说》云：

> 夫所谓真禅者，有根本，有纲宗。根本未悟而遽事纲宗，则多知多解，障塞悟门，必流为提唱之禅而真悟亡矣；根本既悟而拨弃纲宗，则承虚弄影，莽卤成风，必流为一橛之禅而宗旨灭矣。是故未悟之纲宗不必有，既悟之纲宗不可无也。①

法眼宗之"师法"或"纲宗"不尽在文益手中创立，可以追溯到玄沙的"纲宗三句"：

> 第一句，且自承当，现成具足，尽十方世界更无他故，只是仁者，更教谁见谁闻？都来是汝心王所为，全成不动智，只欠自承当。唤作开方便门，使汝信有一分真常流注，亘古亘今，未有不是，未有不非者。然此句只成平等法，何以故？但是以言遣言、以理逐理，平常性相、接物利生耳。且于宗旨，犹是明前不明后，号为一味平实，分证法身之量，未有出格之句，死在句下，未有自由分。若知出挌量，不被心魔所使，入到手中便转换，落落地言通大道，不堕平怀之见，是谓第一句纲宗也。
> 第二句，回因就果，不着平常一如之理，方便唤作转位投机，生杀自

① 【明】戒显：《禅门锻炼说》卷1，续63册781页上。

在,纵夺随宜,出生入死,广利一切,迥脱色欲爱见之境,方便唤作顿超三界之佛性,此名二理双明,二义齐照,不被二边之所动,妙用现前,是谓第二句纲宗也。

第三句,知有大智性相之本,通其过量之见,明阴洞阳,廓周法界,一真体性,大用现前,应化无方,全用全不用,全生全不生,方便唤作慈定之门,是谓第三句纲宗也。①

玄沙三句纲宗辨明禅修进路,使学者不至于得少为足,半途而废,也是辨别学者修行程度的大概纲要。这可视为法眼宗的"师法"之一种。

玄沙另有"三种病人"之说,也可视为法眼宗的"门庭施设"之一种:

诸方老宿尽道接物利生,只如三种病人,汝作么生接?患盲者,拈槌竖拂他又不见;患聋者,语言三昧他又不闻,患痖者,教伊说又说不得。若接不得?佛法无灵验。②

法眼说,"我当时见罗汉和尚举此僧语,我便会三种病人。"玄沙说此语时,桂琛、慧球等都曾下一转语,有一僧说,"非惟谩他,兼亦自谩"。文益开悟后依止桂琛,桂琛便对他说起这段因缘,文益当时便理解了。桂琛之所以要对文益说起此事,显见是在传承本门"师法"。

---

① 【明】林弘衍:《玄沙师备禅师语录》卷1,续73册32页。
② 同上卷2,续73册32页中。

　　文益的"师法"主要体现在其《三界唯心颂》及《华严六相义颂》中，前者可视为是继承自桂琛的思想，而后者则是文益借用华严经中的六相之义对禅宗理事关系、教学方法的一种总结。《三界唯心颂》云：

　　三界唯心，万法唯识。唯识唯心，眼声耳色。色不到耳，声何触眼。眼色耳声，万法成办。万法匪缘，岂观如幻。大地山河，谁坚谁变？①

　　圆悟克勤概括法眼宗风为"闻声悟道，见色明心，句里藏锋，言中有响"②，既然万法唯心唯识，通过当前任何机境或东西，皆可透脱而入"唯心唯识"之中。当下透脱而入，如"箭锋相拄"，这是玄沙—桂琛—文益一系所传承的"师法"，例如玄沙与桂琛之间的对话有时候就是围绕眼前的一把椅子或一扇门展开③，桂琛接引文益，问他为什么把一片石头安放在心中，并说："若论佛法，一切现成。"文益此后也多用此机接人，如"丙丁童子来求火"之公案，还有僧问："如何是佛法？"文益回答："汝是慧超"；僧问："如何是曹源一滴水？"文益回答："是曹源一滴水"等等。对此，圆悟克勤《碧岩录》曾有评论云：

　　法眼下谓之箭锋相拄，更不用五位君臣、四料简，直论箭锋相拄，是他家风如此，一句下便见，当阳便透。④

────────────

① 【宋】道原：《景德传灯录》卷 29，大 51 册 454 页上。
② 【宋】智昭：《人天眼目》卷 6，大 48 册 331 页上。
③ 例如："师与地藏在方丈说话，夜深，侍者闭却门。师曰：门总闭了，汝作么生得出去？藏曰：唤甚么作门？"《玄沙师备禅师语录》卷 2，续 73 册 36 页下。
④ 【宋】圆悟克勤：《碧岩录》卷 1，大 48 册 147 页中。

文益《华严六相义颂》云：

华严六相义，同中还有异，异若异于同，全非诸佛意。诸佛意总别，何曾有同异？男子身中入定时，女子身中不留意。不留意，绝名字，万象明明无理事。①

"华严六相义"为"总别同异成坏"，李长者《新华严经论》中云：

一切法皆有此六相，若善见者，得智无碍总持门，于诸法不滞有无、断常等障，可以离情，照之可见，此六字义，阙一即理智不圆，是此初地中观，通世间一切法门故。②

此即谓"华严六相义"是初地菩萨观，如能善见之，可以进修佛道，能入法界之宗。禅门开悟，与终极佛果之间的关系，可用六相义之"同异"加以概括："若一向别，逐行位而乖宗；若一向同，失进修而堕寂。所以位位即佛，阶墀宛然，重重磨炼，本位不动。斯则同异具济，理事不差，因果无亏，迷悟全别。"③

华严六相义，如能善见之，可以观察世间一切诸相，随缘动静，不坠有无、离于断常，则能住法施为，而起繁兴大用并究竟无过。如"真如一心为总相，能摄世间、出世间法故，约摄诸法得总名，能生诸缘成

---

① 【宋】道原：《景德传灯录》卷29，大51册454页上。
② 【唐】李通玄：《新华严经论》卷24，大36册886页中。
③ 智昭前引书卷4,324页下。

别号，法法皆齐为同相，随相不等称异门，建立境界故称成，不动自位而为坏。"①

华严六相义，如能善见之，则能得"智慧总持门"，而能对来学者应病施药，相身裁缝，随其器量，扫除情解。

法眼宗的"师法"还应该包括德韶国师的"四料拣"：闻闻、闻不闻、不闻闻、不闻不闻以及其《宗风颂》："通玄峰顶，不是人间。心外无法，满目青山。"

故法眼宗门的"师法"或者"纲宗"，经由玄沙至德韶四代师资逐渐形成、建立起来，这和其他几家有截然不同的地方。这是法眼宗作为一家宗派得到大家认可的一个很重要的原因。

法眼宗创立的第三个原因是其在传承中形成了鲜明的风格。

《五宗原》认为，"法眼一家，全是教家极则，一代时教之真月也。"法眼宗从玄沙再向前推，雪峰承嗣德山，德山治《金刚经》有名，号"周金刚"，在龙潭禅师处开悟后，德山说，"穷诸玄辩，若一毫置于太虚；竭世枢机，似一滴投于巨壑。"雪峰鳌山阻雪，岩头说，"后若欲播扬大教，一一从自己胸襟流出将来，与我盖天盖地"，雪峰言下大悟。玄沙从《楞严经》发明心地，"由是应机敏捷，与修多罗冥契。"这些无妨视为法眼宗之张本。文益遇到桂琛，讨论的是《肇论》中的内容。文益尤其擅长接引"诸方会下存知解者"，如文遂精研《楞严经》，道潜研读《华严经》，清耸先受文益启发，后来因读《华严经》而开悟。如前面所分析的，文益门下开堂禅师中，多有引用经论阐

① 同上。

发禅宗心要者,延寿更著作《宗镜录》阐述宗教不二的思想。这与其他几家禅宗宗派有所不同,从教入宗,从宗出教或以教阐宗,可谓是法眼宗教学中的一种鲜明风格。

文益擅长引导学人从佛教经论义理中翻出而臻于无相无为之境。如文益上堂所说:

> 诸人各曾看《还源观》、《百门义海》、《华严论》、《涅槃经》……诸多策子,阿那个教中有这个时节? 若有,试举看! 莫是怎么经里有恁么语是此时节么? 有什么交涉? 所以微言滞于心首,常为缘虑之场,实际居于目前,翻为名相之境。又作么生得翻去? 若也翻去,又作么生得正去? 还会么? 莫只恁么念策子,有什么用处?①

"微言"句语出法藏《华严经义海百门》,这可谓是研读经论最为常见的问题。如何指导学人从"恁么经里"里悟得"这个时节",从"名相之境"翻出去,亦即"从教入宗",正是文益禅师的拿手好戏。故日人忽滑氏赞曰:其宣扬法门,禅教融合,浑然无瑕疵,语不险而理幽,机锋不露而用活,不陷当时之禅弊者,盖益一人耳。②

"从教入宗"之"教"、"宗"差异,德韶门下本先禅师曾说得明白。他参学德韶国师,在六祖"非风幡动仁者心动之语"下开悟,其后上堂说法云:

---

① 道原前引书卷 24,398 页下。
② 忽滑谷快天前引书,第 348 页。

吾初学天台法门,诸下便荐,然千日之内,四仪之中,似物碍膺,如雠同所。千日之后,一日之中,物不碍膺,雠不同所,当下安乐,顿觉前谷。①

本先禅师一开始是学天台法门的,三年内,对其教理教义便有了比较深的理解,但是平常日子里胸中如有物碍膺,不得自在安乐,参学德韶国师后,才知道之前错在何处。 学习经论,通达教理,但是仍旧不能履践本分之事,这或许是知解之徒的通病,个中滋味及前后变化,本先禅师说的极为明白。 他在禅门悟道后,再来说教下言语,便大有不同:

天台教中说文殊观音普贤三门,文殊门者一切色,观音门者一切声,普贤门者不动步。而到我,道文殊门者不是一切色,观音门者不是一切声,普贤门者是个什么?②

本先又发挥本门师法,就 "万法唯心" 之旨阐发道:

诸法所生,唯心所现。如是言语,好个入底门户。且问,尔等诸人眼见一切色,耳闻一切声,鼻嗅一切香,舌知一切味,身触一切软滑,意分别一切诸法,只如眼耳鼻舌身意所对之物,为复唯是尔等心,为复非是尔等心? 若道唯是尔等心,何不与尔等身都作一块了休? 为什么所对之物却在尔等眼耳鼻舌身意外? 尔等若道眼耳鼻舌身意所对之物非是尔等心,又焉奈诸法所生,唯心所现? 言语留在世间,何人不举着。尔等见这个说

① 同上卷 26,426 页上。
② 同上,426 页下。

话，还会么？①

　　这是比较典型的法眼宗教学方法。"诸法所生，唯心所现"出自《楞严经》，是佛教行者经常会说到的一句话，本先禅师说这便是入道的门户。教家多通过意识作解，也能说得明白通达，但正如同本先禅师所说，即便有此悟解，仍如有物碍膺在胸中一样，不得安乐自在。法眼宗之教学，是将此类经中语句落实到学人当前机境上来，使之能够真实参究而有所悟入，然后再与教中言论印证。本先先学天台教理，再参禅悟道，知道其中转捩点所在，便能把握住其中的关键说话。其实这种"师法"在法眼一系师资教学中是可以找到诸多类似案例的。如玄沙曾对雪峰门下禅客说：

　　你诸人与么来，觅个什么物，只如某有什么到你诸人，应须自构始得，有相应处始得。若构不得，只与么寻言逐句，有什么了期？诸人须是言句不落处领会始得。②

　　又如玄沙如是开示云：

　　从古至今，实无一法不是，你诸人还知得么？我今问你：还见溪水么？还见佛殿么？还见僧堂么？若道见，又将何见，若道不见，如今现是，溪水鸣沥沥地，佛殿、僧堂现在，作么生说道不见。诸上座，溪水是溪水，佛殿

---

① 同上，427 页上。
② 《玄沙师备禅师广录》卷1，续73册4页中。

是佛殿,僧堂是僧堂,且作么生会。①

这都是在教导学人从微言翻出缘虑,从名相翻入实际。从玄沙到文益再到本先之五代师资中,有较为明确的"师法"传承。

其实学教、参禅本身并不互相违背,非教无以显禅之深,非禅无以臻教之妙。之所以有差异者,在人不在法。学教观者由文义趣向佛教真理,研学日久,琢磨浸清,索隐钩深,也能入佛知见,如玄沙读《楞严经》开悟者是也;宗门如不彻悟心源,落入业识光影,便是"死句下活不得",并不一定比学教观者悟入更为深刻。不过学教观较容易落入意识作解之义路之中,此犹如盲夫摸象,仅能知尾巴、耳耳等,终究无法开眼目睹全象也。非但教观之言容易落入意识作解中,禅门语句如果寻其理路作解,和上述学教观之失是完全一样的。如神鼎諲禅师故事:

少年时与数耆宿游南岳,一僧举论宗乘,颇博敏会,野饭山店中供办,而僧论说不已。諲曰:"上人言三界唯心、万法唯识,唯识唯心,眼声耳色,何人之语?"僧曰:"法眼大师偈也。"諲曰:"其义如何?"对曰:"唯心故根境不相到,唯识故声色枞然。"諲曰:"舌味是根境否?"对曰:"是。"諲以筯挟菜置口含胡而言曰:"何谓相入耶?"坐者相顾大惊,莫能加答。諲曰:"路途之乐终未到家,见解入微不名见道,参须实参,悟须实悟,阎罗大王不怕多语。"②

────────────

① 同上,1页中。
② 【元】姜端礼:《虚堂集》卷6,续67册374页下。

　　神鼎洪諲为首山念禅师门下弟子，出世大概比文益晚半个世纪，当时望尊一时，"衲子非人类精奇，无敢登其门者"。这个故事说明，如果对禅门语句作理路上的说明或者解释，即便通彻无碍而且与修多罗相符，仍旧落入名相、缘虑之中，与实际解脱了不相干。法眼宗教学特长就在于从此中翻出，跳出缘虑窠臼，真正悟入实际之中。

　　法眼宗另一鲜明的特色在于其鲜明的批判精神。五家之中，法眼晚出，因而对其他宗派有所总结，对于当时禅林中常见的一些问题有所评判。法眼宗这种鲜明的批判精神最早见之于玄沙，如前面已经说过的勘验灵云、不肯长庆等；再如玄沙语录中多有对当时诸方禅病的批评：

　　（此事）限约不得，心思路绝，不因庄严本来真静，动用语笑，随处明了，更无欠少。今时人不语个中道理，妄自涉事涉尘，处处染着，头头系绊。纵悟，则尘境纷纭，名相不实，便拟凝心敛念，摄事归空，闭目藏睛，终有念起，旋旋破除。细想才生，即便遏捺。如此见解，即是落空亡底外道，魂不散的死人，冥冥漠漠。无觉无知，塞耳偷铃，徒自欺诳。①

　　破除妄念，遏捺细想，凝心敛念，昏昏默默，便以为是在修禅了。这是古今修禅者容易走上的一条道路、较为常见的一种问题，后世更是蔚然成风，大慧宗杲曾引用这段文字批判"默照邪师"，批判甚为激烈："作这般去就底，虽暂拘得个臭皮袋子住便以为究竟，心识纷飞，

----

　　① 《玄沙师备禅师语录》卷1，续73册30页上。

犹如野马，纵然心识暂停，如石压草，不觉又生，欲直取无上菩提，到究竟安乐处，不亦难乎？"①

玄沙又云：

有一般坐绳床老汉，称为善知识，问着便摇身动手，吐舌瞪视。更有一般便说道昭昭灵灵，灵台智性，向五蕴身田里作主宰。与么为善知识，大赚人。我今问汝：汝若认昭昭灵灵便是汝真实，为什么瞌睡时又不成昭昭灵灵？若瞌睡时不是，为什么有昭昭时？汝还会么？这个唤作认贼为子，是生死根本，妄想缘气。汝欲识此昭昭灵灵，只因前尘色声香等法而有分别，便道此是昭昭灵灵，若无前尘，汝此昭昭灵灵同于龟毛兔角。②

这是一类"主人公"禅，是向五蕴身田中强作主宰，认昭昭灵灵的意识清净一面为佛性、为真实，在"能"未立"所"处建立知解。玄沙批评，可谓一针见血。不过后世此类"主人公禅"仍是多的如麻似粟也。

还有一类以功夫为禅悟的错误见解，如玄沙所批评的：

饶你炼得身心同虚空去，饶你到妙精明心湛然不摇处，不出他识阴。古人唤作如急流水，水急不觉，妄为恬静。与么修行，尽出他轮回际不得，依前又被轮回去。③

---

① 【宋】蕴闻：《大慧普觉禅师语录》卷 26，大 47 册 921 页中。
② 《玄沙师备禅师广录》卷 3，续 73 册 21 页下。
③ 同上，23 页上。

心如虚空，湛然不动，也只是一种功夫境界，是心造作出来的一种可变异之法，如果认为此种境界是佛道，则必然认为万境纷纭不是，则显见不是本然如是之法。玄沙云，"如是家风，亘古亘今，更无一法不是者，"舍一取一，即便是胜妙境界，仍与禅悟毫无交涉。

至于学禅最为常见的现象或问题，玄沙曾总结道：

> 时人旷来年深，致乖常体，迷心认物，久背真宗。不遇良朋道友，只自于私作解。纵有商量，浑成意度；及至寻穷理地，不辩邪正，况乃平生未曾捞摝。先贤古德，复自知时，克己推功，岩庵石室。上德云：情存圣量，犹落法尘，己见未忘，还成渗漏。不可道持斋持戒、长坐不卧、息念观空、凝神入定便当去也，且有什么交涉？西天外道入得八万劫定，凝神寂静，闭目藏睛，灰心灭智，劫数才终，不免轮回，盖为道眼不明，生死根源不破。[1]

学禅最大的问题在于以意识卜度道理，阴界里做活计，然后放在心头当作实法，这便是道眼不明，生死根源不破。至于持斋持戒、长坐不卧、息念观空、凝神入定之类，更是修行者普遍行持的功课。这些未尝不是善法，但如果当作禅悟或者当作究竟之法，那便与禅悟没有什么交涉了。

古代禅师中少有像玄沙这样苦口婆心说破禅病者，在这方面差堪与之相提并论者其唯宗杲禅师乎？这一清醒自觉的批判精神是非常难能可贵的。也正因为如此，较之于其他宗派，法眼宗有着比较鲜明的批

---

① 同上。

判精神。

文益著作《宗门十规论》，目的就在于"宗门指病""以救一时之
弊"。十条之中，关于当时禅宗教学方面的弊病是：

近代之人，多所慢易，丛林虽入，懒慕参求。纵成留心，不择宗匠。邪
师过谬，同失指归。未了根尘，辄有邪解。入他魔界，全丧正因。但知急
务住持，滥称知识，且贵虚名在世，宁论袭恶于身，不惟聋瞽后人，抑亦凋
弊风教。

文益所批评的宗门其他方面的弊端此处不烦多举。此种清醒自觉
的批判精神当继承自玄沙，也是法眼宗的一种传承特色。

综上所述，从"玄沙正宗"发展到文益的"清凉之宗"，进而形成
大家习惯称呼的"法眼宗"，是玄沙—桂琛—文益—德韶四代师资不断
唱和的结果，在这样的传承中，这一宗派形成了自身独特的教学风格，
而且成效显著，这样在五代末期、北宋初期的禅林中占据了显著的地
位，因而能够与其他宗派分庭抗礼，成为宗门五家宗派之一。

第五章
法眼文益禅师禅学思想评述

第一节　法眼文益禅师禅学思想概述

文益曾总论禅宗"心地法门"云：

> 心地法门者，参学之根本也。心地者何耶？
> 如来大觉性也，由无始来，一念颠倒，认物为己，贪
> 欲炽盛，流浪生死，觉照昏蒙，无明盖覆，业轮推
> 转，不得自由，一失人身，长劫难返。所以诸佛出
> 世，方便门多，滞句寻言，还落常断，祖师哀悯，心
> 印单传，俾不历阶级，顿超凡圣，只令自悟，永断
> 疑根。①

---

① 同上。

佛教认为，三界中一切有为、无为法相，毕竟无有丝毫许堪作人之认知、思维对象者。天地河海，风云草木，鸟兽人物，生死变化，都是有为之相，此一切法皆是无所有性，所以一切法皆是不可得的。佛教因此立论曰"一切法无我"，即如实观察，一切法如梦幻、如光影、如阳焰、虽然似有，却无丝毫实性可得。众生颠倒之处即在于：于无法处见法，无色处见色，无声处闻声，无道理处强作道理，无主宰中强作主宰。如宗杲禅师所说：

祖师西来也只个冬寒夏热，夜暗日明，只为尔徒无意立意、无事生事、无内外强作内外、无东西谩说东西，所以奢摩不能明了，以至根境不能自由。①

这就是文益所说"一念颠倒，认物为己"之意。众生无始劫来妄想习气浓厚，颠倒迷惑，如翳在眼，空华乱坠，执著自心之所成立的五蕴为实法，"质碍名色，领纳曰受，思惟曰想，迁流曰行，分别曰识"，对诸尘境产生分别心，妄想执着世间种种声色为实境，攀缘流浪，"背觉合尘"，为尘所隔，迷真徇妄，为妄所遮，故佛教比喻为"生盲"、②在无明渴爱驱使下，起心造业，沈翳苦恼之中。

禅门修行，厌此流转过患而求解脱者，最为常见的问题是想要脱离有为法，在世俗法外寻求、建立一种"真谛"，故有种种息除妄念、求证真实心性之"法门"，往往以意识干净面为真实，或者以灵明寂湛不

---

① 【宋】蕴闻：《大慧普觉禅师语录》卷21，大47册902页下。
② 《胜天王般若波罗蜜经》中云："如生盲人不能见色，如是烦恼盲诸众生不能见法。"

动摇处为空劫前自己，以倏出倏灭妄念为染污而欲消除之。 但这仍旧是一种颠倒，因为已经前设世俗法为真实、妄念为有，所以想要脱离之、除灭之，而其所谓"真谛"不过是虚妄想像出来的一种境界，其所谓"清净"，不过是心意识造作出来的一段光景而已。 故"厌劳虑而息妄心者，息即是病、是狂心、是钉桩摇橹汉。"①又如曹山所说，"只如今人，说个净洁处，爱说向去事，此病最难治。 若是世间粗重事却是轻，净洁病为重。"②

禅只是"自悟"的法门。 所自悟者，"惟得虚妄颠倒所起烦恼毕竟空性，"③因为一切法都是不可得的，也都是不可知的，只是因为虚妄颠倒，认假为实，才有我、人、众生、寿命种种相。 如果醒悟过来，便知道虽是凡夫，其实比佛也不欠少什么，也没有多什么。 如玄沙云：

> 不论初学，入丛林，可谓共诸人久践，与过去诸佛无所乏少。如大海水，一切鱼龙，初生至老，吞吐受用，悉皆平等。所以道：初发心者与古佛齐肩。奈何汝无始积劫动诸妄情，结成烦恼，如重病人心狂热闷，颠倒乱见，都无实事。如今所觑一切境界皆亦如是，对汝诸根尽成颠倒。④

文益也说：

> 他古圣所见诸境，唯见自心。祖师道，不是风动、幡动，仁者心动，但

---

① 【明】通润述《圆觉经近释》卷4，续10册529页中。
② 【日本】玄契编《抚州曹山本寂禅师语录》，大47册539页下。
③ 【姚秦】鸠摩罗什译《思益梵天所问经》卷1，大15册39页中。
④ 道原前引书卷28,447页中。

且怎么会好，别无亲于亲处也。①

六祖"不是风动、不是幡动，仁者心动"的公案，古代禅者参究者不少。文益以此证成古圣"所见诸境，唯见自心"的道理。如何由此道理解脱去，现代人理解起来是很困难的。如邓克铭先生《法眼文益禅师之研究》中云：

我们可以看到幡动，也可以感觉到风在吹动肌肤、听到风声，然而这些事实，并不是解脱上或修行上问题所在。在修行上，应注意的是建立、保持我们思惟主体的自由性。在解脱境地上，它是如物来镜现般，不受个人感觉经验和内在情绪的影响。无论是风动、幡动，其动的状态本身，就是纯粹一种动的状态，修行者就是要如其本来行相的接受这种风动或幡动的状态。若再去起意争执是风动或幡动，已失去了修行者思惟主体的自由性，慧能所谓的"仁者心动"即指这种情形。②

邓克铭先生认为，"心之解脱义，即指如佛一样，无所从来，亦无所去，而处在一种完全如如自由的状态。"邓先生是以眼耳见闻前境而不起名言分别为自由解脱也，如此，又争得会他文益禅师"所见诸境唯见自心"之语，也更无法理解桂琛当年问文益"行脚人着甚么来由安片石在心头"的义旨了。其病只在先立定心外有风幡，有风动、幡动，亦即已经认定心外有法、有物了，然后再来凑泊、和会以解释祖师言语。

① 同上，448 页中。
② 邓克铭：《法眼文益禅师之研究》，第 40 页。

殊不知，恰是曲解祖师言句，也正是玄沙所说"颠倒乱见"。 实际上，所见风幡以及风动、幡动，"都无实事"，皆是无所有性，哪里有可供眼耳鼻舌心意识攀缘思惟的丝毫实法存在耶？ 故《金刚经》云："凡所有相，皆是虚妄。 若见诸相非相，则见如来。"《大般若经》亦云："如是诸法空、无所有、非自在性、虚妄分别，因缘合故无生似生。"此为"称理"之说、随顺法相之言，因真实法相的确如是也。 僧肇云："伤夫人情之惑也久矣，目对真而莫觉"，盖此处不明，便是于无法处见法，无色处见色，无声处闻声，无道理处强作道理也，"但以从无始劫来妄想浓厚，翳障自心，才回顾着，则黑漫漫地，却到世间知见种种声色，才现在前，一切明得，此等岂不是背觉合尘、从他求觅、不能返照耶？"①如果在"风动幡动处"明得，则一切处尽皆明得，则"尽大地是一个解脱门"，如圆悟克勤禅师所说：

　　若真见自性,岂干他见闻觉知思量拟议？……若向这里明得,至于一切处悉皆明得,所以雪峰和尚道:尽大地是个解脱门,把手拽,不肯入。又云:尽大地撮来,如粟米粒大,抛向面前,漆桶不会,打鼓普请看。更有甚玄妙见闻觉知,若尔,方能心境一如,也无能、也无所,唯一自心,更无他物。②

　　沩山禅师亦云：

---

① 【宋】绍隆:《圆悟佛果禅师语录》卷13,大47册773页上。
② 同上,772页中。

　　此宗难得其妙,切须仔细用心,个中顿悟正因,便是出尘阶墀,此则破三界二十五有,内外诸法,尽知不实,从心变起,悉是假名,不用将心凑泊,但情不附物,物岂碍人? 任他法性周流,莫断莫绝,闻声见色,盖是寻常,这边、那边,应用不阙。如斯行止,实不枉被法眼。①

玄沙师备禅师亦云:

　　若明彻得,坐却凡圣,坐却三界梦幻身心,无一物如针锋许为缘为对。……若要彻,即今这里便明彻去,不教仁者取一法如微尘大,不教仁者舍一法如豪(毫)发许。②

此"唯心无境"之证成,如《大乘密严经》云:

名生本于相,相起复从缘。种种诸分别,皆因相而有。

根境瓶衣等,蕴法所合成。分别从此生,了知而简异。

若动若非动,一切诸世间。皆因痴暗生,愚冥以为体。

长短等诸色,音声与香界。甘苦坚滑等,意识之所缘。

善与不善性,有为无为法,乃至于涅槃,斯为智之境。

念念常迁转,皆依识以生。……

于如梦翳等,一切诸境界,起种种分别,不知唯自心。

如人在空中,走索以游戏,飘危不安固。分别亦如是。

①　【宋】守遂注《沩山警策注》,续 63 册 228 页下。
②　道原前引书卷 28,447 页上。

分别无所依，但行于自境，譬如镜中像，识种种而见。

愚夫此迷惑，非诸明智者。①

文益有一则问答因缘道：

问：如何得诸法无当去？师曰：什么法当着上座？

如果明得诸法无实，则见闻觉知一切法皆不能当情也；否则便处处"当着上座"去也。

按照文益所说，佛教方便门多，学教者容易落入"滞句寻言"之中，因而不能得超越常断之见，宗门之"心印单传"，如能自悟，便可"顿超凡圣"。下面就以对金刚经一句话的理解来做说明。

《金刚经》中云：

诸菩萨摩诃萨应如是降伏其心：所有一切众生之类，若卵生、若胎生、若湿生、若化生，若有色、若无色、若有想、若无想、若非有想、非无想，我皆令入无余涅槃而灭度之，如是灭度无量无数无边众生，实无众生得灭度者。何以故？须菩提，若有我相、人相、众生相、寿者相，即非菩萨。

此一段话，不妨奇特。本来是说"如是降伏其心"之法，却说到了发愿度脱无量无数无边众生入无余涅槃上去，虽然度脱所有众生，却无

① 【唐】地婆诃罗译：《大乘密严经》卷1，大16册730页上。

众生得度，因为菩萨没有"四相"。多有注释讲解者着眼在佛心平等、菩萨有大愿上，或者着眼在众生本具佛性，自性自度上。如此解释，便多少有些不切题，也正落入文益所说"诸佛出世，方便门多，滞句寻言，还落常断"之中。按此处所说是"如何降伏其心"，要当下便能做到才行，如何说到广度众生之"发愿"上去？而且度脱无量无边众生，其中还包括卵生等众生，毕竟是久远劫之事，卵生众生如鸡鸭鹅等，化生众生如恶鬼、地狱处众生等，岂是当下就能完成的？又与"降伏其心"有何关系？其心未能降伏，如何能入异类中行？所以这句话的奇特之处就在于，必须当下一念即度脱无量无边众生而无度脱众生之相才是"降伏其心"。

愚以为，这句话不妨视为在点明禅门开悟明心之见地也。圆悟克勤禅师有句话或堪作注释：

设使尽大地草木丛林，尽化为衲僧，各各置百千问难，不消一札，尽教吞声饮气、目瞪口呿。①

或者如马祖对庞蕴居士所说：

庞居士问马大师："不与万法为侣是什么人？"大师云："待汝一口吸尽西江水即向汝道。"②

———————————

① 绍隆前引书卷 13,774 页中。
② 【宋】颐藏：《古尊宿语录》卷 21,续 68 册 137 页中。

石头希迁禅师云，"三界六道，唯自心现，水月镜像，岂有生灭？"大地山河、森罗万象、明暗色空……需当下融会而归于一理去，然后始有相应分。雪峰说，"尽大地是一个解脱门"、"尽大地是沙门一只眼"、"尽大地撮来如粟米粒大"，玄沙说，"从古至今，实无一法不是"，文益说"所见诸境，唯见自心"，与《金刚经》中这段说话，不妨异曲同工矣。五祖以后改用《金刚经》印心，良有以也。

如文益所说，此段"不历阶级，顿超凡圣"的大事因缘，是"只令自悟"之事，决定不从人得，也不是起心用意修证得来，只是每个人脚跟下本来具足的道理。故桂琛说，"若论佛法，一切现成"，文益便当下悟去。

此"一切现成"之佛法，文益称之为"随时及节"，否则便是"移时失候"：

出家人，但随时及节便得，寒即寒，热即热。欲知佛性义，当观时节因缘。古今方便不少，不见石头和尚因看《肇论》云："会万物为己者，其唯圣人乎？"他家便道：圣人无己，靡所不已。有一片言语唤作《参同契》，末上云：竺土大仙心，无过此语也。中间也只随时说话。上座，今欲会万物为自己去，盖为大地无一法可见。他又嘱云：光阴莫虚度。适来向上座道，但随时及节便得，若也移时失候，即是虚度光阴，于非色中作色解。上座，于非色中作色解，即是移时失候。且道，色作非色解，还当不当？上座，若恁么会，便是没交涉，正是痴狂两头走，有甚么用处，上座，但守分随时过好。①

文益此处发挥的是石头希迁禅师《参同契》中的思想。希迁因读《肇论》，在"会万物为己者，其唯圣人乎？"一句下豁然开悟，因此著作《参同契》，其末后云，"承言须会宗，勿自立规矩。触目不会道，运足焉知路。进步非远近，迷隔山河固。谨白参玄人，光阴莫虚度。"文益曾为《参同契》作注，流行一时，"世所共宗"，惜乎后世湮没，已不可考。此处文益劝诫道，所谓"光阴莫虚度"，即是"随时及节"，如果非色中作色解，即便勤修六度万行，仍旧是"移时失侯"、"虚度光阴"。其中的"时节"、"时候"颇有让人玩味者。

禅门中常说，"欲知佛性义，当观时节因缘"。如果想要有此"时节、时候"，当然需要严格而勤奋的闻思修行，但是佛门悟道并无一定的程序可以遵循，也就是说，并不像现在的科学实验一样，把该做的都做了，就必定会得到一个"悟入"的结果。欲知佛性义，仍有一个时节因缘的问题。如果时节到了，自然就会明白，否则便如石头禅师所说，"进步非远近，迷隔山河固"。所以文益说，"但守分、随时过好"，即谓，如果还没有悟入，但守本分，不要有过多的期盼，希望开悟、成佛等等，便都不是"守分"了。

"时节"作上述俗解亦未尝不可。但此"时节"又与佛经中开篇常说的"如是我闻，一时佛在"之"一时"有异曲同工之处。此个"时节"，可谓之古今"一时"，未曾移动、迁变分毫也，如果"如是"见

① 道原前引书卷 24,399 页上。

得，无量劫来之事只在今日、只在一时，这个时节便是无量劫之时。悟道明心者，亦莫不从这个"时节"而入，如圆悟克勤禅师所说：

　　诸人与山僧，各各有一段大事，辉腾今古，迥绝知见，净裸裸、赤洒洒，各不相知，各不相到，透声透色，超佛越祖。若能退步就己，脱却情尘意想、记持分别、露布言诠、闻见觉知、是非得失，直下豁然，蓦地便与古佛同一知见、同一语言、同一手作、同一体相。非唯与诸圣同，亦乃与历代宗师、天下老和尚同，下至四生六道、酰鸡蠛蠓，无不皆同。不被前尘所惑、知解所挠，不畏生死不爱涅槃，放旷平常，随时任运，动静施为，无非解脱，能转一切境界，能使一切语言。非唯诸人分上如此，至于古人无不皆由此个时节得入。岂不见：赵州初参南泉悟平常心是道后，来有问西来意，便对曰"庭前柏树子"以至"镇州出大萝葡头"、"我在青州作一领布衫重七斤"；非唯赵州，德山得此时节，入门便打；临济得此时节，入门便喝；睦州得此时节，便道"现成公案放尔三十棒"；俱胝一指头上用此时节，鸟窠吹布毛处见此时节。以要言之，古来宗师无不皆用此个时节。①

　　所以文益注《参同契》"光阴莫虚度"一句云："住！住！恩大难酬！"盖如果没有这个"时节"，虚生浪死，毫无意义，未有了期，岂非"虚度光阴"耶？因为明白得这个"时节因缘"，"二六时中管取无丝毫许落虚，非唯二六时中，下至百千亿劫尽未来际悉不落虚。"②此种恩力，自然是"恩大难酬"！

_____

① 绍隆前引书卷 8，750 页上。
② 同上，750 页中。

此"一切现成"之佛法①,文益又称之为"仍旧":

赵州云:莫费力也。大好言语,何不仍旧去? 世间法有门,佛法岂无门? 自是不仍旧。故诸佛、诸祖只于仍旧中得。如初夜钟,不见有丝毫异,得与么恰好,闻时无一声子闹,何以故? 为及时节,无心云死,且不能死,止于一切,只为不仍旧。忽然非次闻时,诸人尽惊愕道:钟子怪鸣也。且如今日,道孟夏渐热即不可,方隔一日,能校多少? 向五月一日道,便成赚,须知校丝发不得。于方便中向上座道;不是时,盖为赚,所以不仍旧。宝公云:暂时自肯不追寻,历劫何曾异今日? 还会么? 今日只是尘劫,但着衣吃饭,行住坐卧,晨参暮请,一切仍旧,便为无事人也。②

惠洪概括文益禅法为"以仍旧自处,以绝渗漏句为物,颇事边幅"。"一切但仍旧",据说是赵州禅师的说法,文益在此发挥,说入佛法之门是"仍旧"去,佛祖也只是"于仍旧中得",并比喻说,钟声在固定时间响起便是"仍旧",如果非时响起,大家便会觉得奇怪。学佛也只是学个仍旧,本来无事,"佛即是无事人","一切仍旧",便是无事人。其所"仍"之"旧","旧时人"之谓也,亦即如百丈道恒禅师所说,"实是无事,诸人各各是佛,更有何疑得到这里",或者如曹山所说,"不论天堂、地狱、饿鬼、畜生,但是一切处不移易,元是旧

① 吴信如编《禅宗宗派源流》认为:法眼宗风当以"先利济""削除情解"为当,而非"三界唯心"或"一切现成",盖"三界唯心"为一切宗派之纲宗,"一切现成"尤其是杨歧派之纲宗。所谓"先利济"即是《参禅要略门》"随对方人之机接得自在"之意,此"可以针对不同话头,也可以在不同场合、以不同情境题偈启示学人。"本书第404—405页,中国社会科学出版社1998版。
② 【明】语风圆信、郭凝之编《金陵清凉院文益禅师语录》,大47册590页下。

时人，只是不行旧时路。"

对此"仍旧"，另有一种解释。禅者内心的开悟是一种巨大的变革，外在仍处在"社会关系网"中，故"仍旧"之义还有"悟后安守本分"的意思，所以文益说"但着衣吃饭，行住坐卧，晨参暮请"，或者如大珠禅师所说"饥来吃饭、困来即眠"，并无奇特事。如果认为自己见同圣人便轻放肆志，在世俗法中攀求名利，又哪里能说"仍旧"呢？

释迦牟尼佛传法偈云，"法本法无法，无法法亦法。今付无法时，法法何曾法？"佛法也只是教人"仍旧去"、"无事去"，除此之外，亦并无其他玄妙奇特、奇名异相之法，故所付"无法"，也是一种"仍旧"。

"仍旧"固然不能概括文益所有的禅法，但通过"仍旧去"之教诫，我们可以理解文益禅法之万一，及其上接佛心，下同诸圣之处。

第二节　法眼文益禅师的接人机锋

《金刚经》中说，"若见诸相非相，即见如来。"文益却道："若见诸相非相，即不见如来。"对此，宏智正觉禅师评价说，"世尊说如来禅，法眼说祖师禅，会得甚奇特，不会也相许。""如来禅"是如说修行，如理实见；"祖师禅"则是"纵域中杀活，握阃外威权"，不妨气概惊群，风标独立，卷舒收放，布置临时，而贵在当机者也。故禅宗祖师在接引学人时，往往在"剑刃上显杀活，电光里分缁素"，"眼办手亲、箭锋相拄"。文益《宗门十规论》曾总结宗门接人手段云：

其间有先唱后提，抑扬教法，顿挫机锋，祖令当施，生杀在手。或壁立千仞、水泄不通；或暂许放行、随波逐浪。如王按剑，贵得自由。作用在于临时，纵夺犹于管带，波腾岳立，电转风驰，大象王游，真师子吼。

圆悟说："大凡扶竖宗教，须是有本分宗师眼目，有本分宗师作用。"宗师眼目，是指禅师自己已经得大自在，逆行顺行，横拈倒用，皆无不可，如上述文益"憨古"①者是也；宗师"作用在于临时"，心中并无窠臼，然后能应机针对学人施以本分草料。 文益是禅门大宗师，其接人机锋多有为后世学者评唱者。 宋代圆悟《碧岩录》中收录文益接人语句因缘一则："慧超问佛"；元代万松《从容庵录》收录文益接人语句因缘五则："法眼指帘"、"法眼毫厘"、"法眼肛陆"、"子昭承嗣"、"法眼质名"，另有"地藏亲切"与文益有关；清代《宗门拈古汇集》中收录文益机缘语句十一则以及历代禅师的评述若干。 本节即结合历代禅宗宗师的评唱，论述一下文益接人的机锋。

"慧超问佛"。 慧超咨和尚："如何是佛？"法眼云："汝是慧超。"

对此公案，克勤禅师的评述如下：

法眼禅师，有啐啄同时底机，具啐啄同时底用，方能如此答话，所谓超声越色，得大自在，纵夺临时，杀活在我，不妨奇特。然而此个公案，诸方商量者多，作情解会者不少，不知古人，凡垂示一言半句，如击石火，似闪

---

① 行秀认为，"释迦道东，法眼说西。古来有拈古、颂古、征古、代古、别古，谁知法眼更添憨古。"参见《请益录》卷1，续 67 册 469 页上。

电光,直下拨开一条正路,后人只管去言句上作解会……不惟辜负自己,亦乃深屈古人。若要见他全机,除非是一棒打不回头底汉,牙如剑树,口似血盆,向言外知归,方有少分相应。若一一作情解,尽大地是灭胡种族底汉,只如超禅客于此悟去,也是他寻常管带参究,所以一言之下,如桶底脱相似。①

母鸡抱卵,小鸡要出来,就在里面用嘴吮,这叫"啐",母鸡同时在外面用嘴啄,这叫"啄"。禅宗用"啐啄"比喻师资机缘相投,机应相扣。克勤在此赞扬文益具"有啐啄同时底机,具啐啄同时底用",所以能如此回答慧超的问题,而使之当下悟去。

在这一则评唱中,克勤又将"丙丁童子来求火"、"曹源一滴水"两则公案合在一起评述,认为法眼家风是"一句下便见,当阳便透"。参学者如果想与之相应,需打办精神承担去,不可只在言句上作解会,如云门所说,"举不顾,即差互,拟思量,何劫悟?"雪窦重显禅师颂云:"江国春风吹不起,鹧鸪啼在深花里。三级浪高鱼化龙,痴人犹戽夜塘水。"如果不能丹霄独步,只向言下咬嚼,"似戽夜塘之水求鱼相似,殊不知,鱼已化为龙也。"

万松行秀《从容庵录》收录公案一百则。南宋天童宏智正觉禅师曾作偈颂一百首,万松行秀再做评述。其所收录"法眼毫厘"公案如下:

---

① 【宋】圆悟:《碧岩录》卷1,大48册147页上。

法眼问修山主:"毫厘有差,天地悬隔,汝作么生会?"修云:"毫厘有差,天地悬隔。"眼云:"恁么又争得?"修云:"某甲只如此,和尚又如何?"眼云:"毫厘有差,天地悬隔。"修便礼拜。

"毫厘有差,天地悬隔"出自僧璨《信心铭》。文益以此问绍修,"作个敲门瓦子",绍修却照方抓药,回他一个"毫厘有差,天地悬隔"。文益不许,行秀评论说,"此所以为法眼一派之源也。"行秀认为,这一公案应该分做两节看,到文益说"恁么又争得"是一节,看为什么文益不许;后半段是一节,看为什么文益仍旧回答他"毫厘有差,天地悬隔。"天童颂云:

秤头蝇坐便欹倾,万世权衡照不平。斤两锱铢见端的,终归输我定盘星。

对此,行秀评述云:

天童破题一句,便颂"毫厘有差,天地悬隔"。庐山远公云,"本端竟何从,起灭有无际。一微涉动境,状此颓山势";三祖道个"嫌"字,先自憎爱了也,却道"但不憎爱,洞然明白。"诸人退步,就己仔细点检看。①

行秀引用《楞严经》中"十方如来及大菩萨,于其自住三摩地中,

---

① 【元】行秀:《从容庵录》卷2,大48册238页上。

见与见缘并所想相,如虚空花本无所有,此见及缘,元是菩提妙净明体,云何于中有是非是"一句,认为到这个地步,"不须嫌拣择、离憎爱,尚无毫厘之差,岂有云泥之隔",恰如天童颂中所比喻的"权衡"一样,"定盘星上本无斤两","钩头加减计在临时"。而有心移平,不如无心而不平也,如果无心,不平亦平矣。

对此机缘,历代点评论述者甚多。兹列举一二:

径山杲云:法眼与修山主丝来线去,绵绵密密,扶起地藏门风,可谓满目光生。若是径山门下,更买草鞋行脚始得,何故?毫厘有差,天地悬隔,甚处得这消息来?

博山来云:法眼勾人在不疑之地,且道有多少法术?王言如丝,其出如纶。[1]

"法眼指帘"公案:法眼以手指帘,时有二僧,同去卷帘。眼云:"一得一失。"

万松认为,"法眼指帘"公案"极有为人作略":

二僧卷帘,在当人分上,自有两条路子。法眼先与一印印定,更无移改,在法眼分上,明暗相参杀活机,大人境界普贤知。诸方皆以离得失忘是非为上,法眼走入是非海里、得失坑中作活计,盖无得失人,可以定天下之得失。[2]

---

① 【清】清符:《宗门拈古汇集》卷39,续66册226页下。
② 行秀前引书244页下。

是说文益能以无得失之心而定天下之得失，能入是非海中、得失坑中作活计，是真无得失者也。天童颂云：

松直棘曲，鹤长凫短。羲皇世人，俱忘治乱。其安也潜鳞在渊；其逸也翔鸟脱绊。

无何祖祢西来，里许得失相半。蓬随风而转空，舡截流而到岸。个中灵利衲僧，看取清凉手段。①

"松直棘曲"出自《楞严经》："如来发明世出世法，知其本因随所缘出，如是乃至恒沙界外一滴之雨，亦知头数，现前种种松直、棘曲、鹄白、乌玄，皆了元由。" "鹤长凫短"出自《庄子》："长者不为有余，短者不为不足。是故凫胫虽短，续之则忧；鹤胫虽长，断之则悲。"禅家以此比喻本来如是的道理。如能自见自肯得，便如"羲皇世人"，治乱俱忘矣。 "随风转空，截流到岸"二句则点出二僧得失来。

对此公案，历代也有不少评述者。兹列举两例如下：

黄龙清云：法眼镆鎁在手，杀活临时。二僧齐去卷帘，且道那个得、那个失，还会么？世事但将公道断，人心难与月轮齐。

曹溪珠云：清凉老汉指尖头上大有神锋，二僧不善回避，未免丧身失命。若是个汉，当时待指帘，便好与掀倒禅床。②

---

① 【宋】集成编《宏智禅师广录》卷2，大48册21页上。
② 清符前引书卷39,227页中。

"法眼舡陆"公案云：

眼问觉上座："船来陆来？"觉曰："船来。"眼曰："船在什么处？"曰："船
在河里。"觉退，眼乃问旁僧曰："你道适来者僧具眼不具眼？"

天童颂云：

水不洗水，金不博金。昧毛色而得马，靡丝弦而乐琴。结绳画卦有许
事，丧尽真淳盘古心。①

一般认为，觉上座是个具眼衲僧，"恰似沙地里放个八脚鳌子，更
无些子不稳当处。"文益与觉上座之间的问答，真谛俗谛、世法佛法，
却是恰好，倒不必非用些禅机或佛教词语才算合道，所以天童说"结绳
画卦有许事，丧尽真淳盘古心"。 有两个类似机缘可以参看：

湛堂准和尚初参真净。净问："近离甚处？"准云："大仰。""夏在甚
处。"准云："大沩。"净云："甚处人事？"准云："兴元府。"净展两手云："我手
何似佛手？"准罔措，净云："适来祇对，一一灵明天真，及乎道个佛手，便成
窒碍，且道病在甚处？"准云："某甲不会。"净云："一切现成，更教唯会？"②

舒州海会齐举禅师，得法之后，尝到琅琊觉处。 觉问："上座近离

---

① 集成前引书卷2,23页上。
② 【宋】道谦编《大慧宗杲禅师宗门武库》卷1,大47册943页中。

甚么处？"举曰："浙江。"觉曰："舡来陆来？"举曰："舡来。"觉曰："舡在甚么处？"举曰："河里。"觉曰："不涉程途一句作么生道？"举曰："杜撰长老，如麻似粟。"便下去。①

这三个公案极为类似。相比较而言，文益与觉上座之间的对话丝来线去，不露丝毫锋芒，"自非见处精明、用处自在，何以能此？"

"法眼质名"公案。僧问法眼："承教有言，从无住本立一切法，如何是无住本？"眼云："形兴未质，名起未名。"

"从无住本立一切法"出自《维摩诘所说经》，文益所答出自《宝藏论》，传说是僧肇的作品：

空可空、非真空，色可色，非真色，真色无形，真空无名。无名名之父，无色色之母，为万物之根源，作天地之太祖。上施玄象，下列冥庭。元气含于大象，大象隐于无形。为识物之灵，灵中有神，神中有身。无为变化，各禀乎自然。微有事用，渐有形名。形兴未质，名起未名，形名既兆，游气乱清。②

其中后四句多为禅家所引用。《宝藏论》中另有"天地之内，宇宙之间，中有一宝，秘在形山"一句为云门禅师引用后颇为著名，还有一句"习学谓之闻，绝学谓之邻，过此二者谓之真"一句曾为禾山禅师引用。对文益此一答语，天童颂云：

---

① 行秀前引书卷3,259页下。
② 【后秦】僧肇:《宝藏论》，大45册143页中。

没踪迹,断消息,白云无根,清风何色? 散干盖而非心,持坤舆而有力,洞千古之渊源,造万像之模则。刹尘道会也处处普贤,楼阁门开也头头弥勒。[1]

"风作何色"是一个典故,西禅东平禅师问一位官员:"风作何色"。在禅林中,此典故与"雨从何来"并列:刘禹锡曾拜访云居道膺禅师,问道:"雨从何来?"道膺回答,"从端公问处来。"天童此颂与文益所答一样,都是在说一切法皆以无住本而得立,所谓"往复无间而有源,动静不移而常寂",此"无住本"无形无名,为真空、真色,虽然森罗万象,却是"形兴未质,名起未名",此为"千古之渊源,万像之模则"。如傅大士《心王铭》中云:

观心空王,玄妙难测。无名无相,有大神力。能灭千灾,成就万德。体性虽空,能施法则。

观之无形,呼之有声。为大法将,心戒传经。水中盐味,色里胶青。决定是有,不见其形。

克勤禅师亦云:

若动若静,若出若处,殊胜中现殊胜,奇特中现奇特,更非外缘,全承渠德。所以道:天人群生类,皆承此恩力。若识此恩,动止作为,百千变

---

① 集成前引书卷 2,25 页上。

现，悉不落虚。①

另有一个公案与"法眼质名"可以共同参究：

瑞岩问岩头："如何是本常理?"头云："动也。"岩云："动时如何?"头云："不见本常理。"岩伫思，头云："肯即未脱根尘，不肯即永沈生死。"②

"法眼质名"这一则因缘语句中，文益可谓善答。后世博山元来禅师曾下一转语云："形未兴，名未起，且道森罗万象从何处得来? 这里放过即不可!"

历代禅师加以品评的法眼公案当然不止上述所罗列者。通过欣赏古人的品题，我们或能窥见法眼文益作为一代禅宗宗师接人的机锋，以及其中蕴含的深刻的般若智慧。下面再简略谈一谈法眼宗的宗风。

关于法眼宗的宗风，历代有不少评述。如庵元禅师说法眼宗风是"箭锋相敌不相饶，建化何妨行鸟道，回途复妙显家风。"《人天眼目》则如是评述：

清凉大法眼，旺化石头城。首明地藏指头，顿见玄沙祖祢。拨万象不拨万象，言前独露全身，有丝头不有丝头，句里已彰自己。心空法了，情尽见除，应尘毛了了然，统刹海皎皎地。髑髅常干世界，鼻孔摩触家风。重重华藏交参，一一网珠圆莹。以至风柯月渚，显露真心；烟霭云林，宣明妙

---

① 绍隆前引书卷 5,733 页下。
② 集成前引书卷 2,25 页上。

法。对扬有准,唯证乃知。亘古今而现成,即圣凡而一致。声传海外,道满寰中,历然验在目前,宛尔石城犹在。此法眼宗风也。①

清代超溟所著《万法归心录》则认为:

法眼家风,对症施药,垂机迅利,扫除情解。六相义门,会归性地,万象之中,全身独路(露)。三界唯心,万法唯识。直超异见,圆融真际。要见法眼么? 人情尽处难留迹,家破从教四壁空。②

《人天眼目》所引用的是南宋山堂德淳禅师的评语,他是临济儿孙。 德淳认为,法眼宗风"亘古今而现成,即圣凡而一致",眼前景物如"风柯月渚","烟霭云林",莫不是在显露真心,如此对扬有准,便能当下证入。 超溟则是清康熙年间的临济宗禅师,他概括法眼家风是"对症施药,垂机迅利,扫除情解",其施设门庭如"华严六相义"、"三界唯心、万法唯识"等,可以直超异见,圆融真际。 可以说,这都是法眼宗与禅宗其他四家宗派有所不同的地方。

---

① 【宋】智昭集《人天眼目》卷 4,大 48 册 325 页上。
② 【清】超溟著《万法归心录》卷 3,续 65 册 420 页上。

附录一:法眼文益禅师年表

885 年,乙巳,僖宗光启元年,文益出生在浙江余杭一鲁姓人家。

自 875 年至今,王仙芝、黄巢起义已经十年,唐王朝大半州郡陷入战乱,天下糜烂。881 年,黄巢攻入长安,僖宗被迫西迁入蜀。

884 年,李克用追斩黄巢。黄巢虽平,秦宗权势力复炽,残暴过于黄巢,"所至屠剪焚荡,殆无孑遗,""北至卫滑,西及关辅,东尽青齐,南出江淮,州镇存者仅保一城,极目各里,无复烟火。"

884 年,浙江东部发生严重饥疫。

钱镠因讨董昌有功授杭州刺史。

灵云勤禅师在沩山因见桃花悟道,沩山曾予以认可,是年返回福建开法,玄沙师备禅师对其加以勘验。

文益 1 岁。

887 年,丁午,光启三年,王潮杀王绪,入据泉州。

四月,德山门下岩头全豁禅师在湖北鄂州被乱兵杀害。

文益 3 岁。

888 年,戊申,光启四年。 文德元年。

　　三月,唐昭宗即位。 王建据有西川。

　　四月,以"枯木禅"闻名天下的石霜庆诸禅师去世;

　　五月,黄檗禅师门下杭州千顷山楚南禅师去世。

　　文益后来跟随学习的希觉在温州开元寺出家, 时年 25 岁, 其后
　　跟随西明寺慧则学习律部。

　　文益 4 岁。

890 年,庚戌,唐昭宗大顺元年。 仰山慧寂禅师(804—890, 一说 840—
　　　916)示寂。

　　曹山本寂禅师开始闻名丛林,曹洞宗大盛。

　　正月,洪州上蓝令超禅师示寂。

　　文益 6 岁。

891 年,辛亥,大顺二年。 杨行密据扬州。

　　文益 7 岁,在新定郡智通院依全伟禅师出家。

893 年,癸丑,景福二年,王潮入据福州称留后。 王镕帅镇定称赵王,
　　　刘仁恭幽州称燕王。

　　文益 9 岁,为沙弥。

894 年,甲寅,昭宗乾宁元年。 贯休以诗谒吴越王钱镠,有"一剑霜寒
　　　十四州"之语。

　　文益 10 岁。

895 年,乙卯,乾宁二年。 临济门下弟子灌溪志闲示寂。

　　二月,董昌在越州称帝,国号"大越罗平国"。

　　三月,杨行密得到孤儿"彭奴",即日后的南唐先主李昇,是年

8 岁。

文益 11 岁。

896 年，丙辰，乾宁三年，唐升福建为威武军，王潮为节度使，军府设
置在福州。

马殷据湖南。

文益 12 岁。

897 年，丁巳，乾宁四年。 王潮去世，其弟王审知继承帅位。

赵州从谂禅师（778—897）于河北赵州观音院示寂，寿 120 岁。

文益 13 岁。

898 年，戊午，乾宁五年，光化元年。 洛浦安禅师示寂。

文益 14 岁。

900 年，庚申，光化三年。 仰山门下杭州无著文喜禅师示寂。

文益 16 岁。

901 年，辛酉，天复元年。 曹山本寂禅师（840—901）示寂，寿 62 岁。

文益 17 岁。

902 年，壬戌，天复二年。 洞山门下云居道膺（853—902）禅师示寂。

文益 18 岁。

903 年，癸亥，天复三年。 闽帅王审知请雪峰与玄沙入内问法。

文益 19 岁。

904 年，甲子，唐天复四年，天祐元年。 文益 20 岁，在越州开元寺受具
足戒。

同年到明州鄮山育王寺听律宗著名高僧希觉讲律，兼习儒家经
典，因学业出众，被觉师赞誉为“我门之游夏也”。

905 年，乙丑，唐天祐二年。 十一月，杨行密去世，其子杨渥袭其封号
　　 及职位。

　　 文益 21 岁。 在明州鄮山育王寺学习四分律。

906 年，丙寅，唐哀帝天祐三年。 闽王王审知请雪峰、玄沙入内问法。

　　 南平钟传蒉，子匡时立，寻为秦虏。 高季昌据荆南。

　　 慧稜禅师于雪峰句下得悟。 是年受泉州刺史王延彬之邀，住
　　 招庆。

　　 文益 22 岁，继续在明州鄮山育王寺学习。

907 年，丁卯，后梁太祖开平元年。 唐灭亡，后梁建立，五代时期
　　 开始。

　　 钱镠在杭州建吴越，马殷在潭州建楚。

　　 王审知再度邀请雪峰、玄沙入内问法。

　　 泉州沙门智宣往西竺求经回到东京，向梁太祖进献辟支佛舍利
　　 骨、贝叶梵经等。

　　 文益 23 岁，或仍继续在明州鄮山育王寺学习。

908 年，戊辰，后梁开平二年。 五月初二日，雪峰义存禅师示寂，寿
　　 87 岁。

　　 十一月二十七日（《僧宝传》云十二月），玄沙师备禅师示寂，
　　 寿 75 岁。

　　 慧球接任师备的福州安国院道场主持。 神晏住涌泉寺。

　　 正月，张颢、徐温遣人杀杨渥，徐温又杀张颢，独揽吴政。

　　 文益 24 岁。

909 年，己巳，后梁开平三年。 十二月，王审知舍钱造寺一所，"大梁

万岁之寺"，度僧 49 人。并造金银字大藏经五藏，每藏 5048 卷。

王审知请慧稜禅师居福州西院，奏额曰"长庆"，号"超觉大师"。①

八月，江西尽入吴统治范围之内。

文益 25 岁。或在此年入闽，在福州西院参访慧稜禅师。

911 年，辛未，后梁开平五年，乾化元年。

文偃到曹溪礼拜祖师塔，再到韶州灵树如敏禅师会下任首座。

文益 27 岁。

913 年，癸未，后梁末帝乾化三年。杭州瑞应幼璋禅师请吴越钱王每年于天台山建金光明道场。

八月十七日，慧球示寂。

九月，吴与吴越大战于无锡，吴胜。

文益 29 岁，在福州西院参访慧稜禅师。

914 年，甲戌，乾化四年。

徐知诰"始城昇州"。

四月初六日，投子大同禅师示寂，寿 96 岁。

文益 30 岁。

916 年，丙子，后梁贞明二年。

三月，明州奉化县布袋和尚师示灭于岳林寺廊下。后世认为是弥勒化身。

---

① 《佛祖纲目》载：开平三年，闽王王审知移（慧稜）住福州长庆。

日本僧人慧锷自五台山返国，途经普陀山，在梅岭首创观音院。

文益 32 岁。

917 年，丁丑，后梁贞明三年。

五月，徐知诰建昇州城成。

刘龑在番禺（今广州）建立南汉。

918 年，戊寅，后梁贞明四年。

韶州如敏禅师示灭，文偃出世传法，年 54 岁。①

文益 34 岁，或仍在福州西院慧稜禅师会下。

919 年，己卯，后梁贞明五年。

七月，吴与吴越再次大战于无锡，吴越大败，徐温与吴越修好。

文益 35 岁，或仍在福州西院慧稜禅师会下。

920 年，庚辰，后梁贞明六年。 陈州摩尼教徒叛乱，立母乙为天子，十月被平灭。

漳州牧王公请桂琛禅师住城西石山地藏。②

文益 36 岁，或仍在福州西院慧稜禅师会下。

921 年，辛巳，后梁贞明七年，龙德元年。

三月，禁止私度僧尼。

吴王杨溥建国，以徐知诰为左仆射，建元顺义元年。

九峰虔禅师示寂。

---

① 牧田谛亮《五代宗教史年表》认为文偃开堂是在 930 年，不确。如敏去世，文偃即开法。

② 《佛祖纲目》载：(庚辰)，桂琛禅师住地藏。

文益 37 岁，或仍在慧稜禅师会下。

922 年，壬午，后梁龙德二年。 雪峰法嗣道怤禅师在杭州弘法，钱镠、
皮光业等致礼勤厚，由是吴越盛于禅学。

文益 38 岁。

923 年，癸未，后梁龙德三年，后唐同光元年。 后唐庄宗李存勖灭梁。

九月，龙牙遁禅师示寂，寿 89 岁。

文益 39 岁。

924 年，甲申，后唐同光二年。

高季兴在荆州建立荆南。

庄宗李存勖诏兴化奖禅师入内，执弟子礼，扣问宗旨，颇有
契会。

同年，兴化禅师示灭。

文益 40 岁。

925 年，乙酉，后唐同光三年。 十二月，王审知卒，其子王延翰自称威
武留后。

汀州民陈本聚众三万围汀州。

洞山法嗣京兆华严休静禅师受后唐庄宗之请入宫说法。

百丈法嗣魏府兴化存奖禅师示寂，西蜀禅月大师贯休示寂。 抚
州黄山月轮禅师示灭。

慧颙禅师传法延沼。

文益 41 岁，或于此年（也有可能在 922 年）于福州地藏院遇到
桂琛而得法。

926 年，丙戌，后唐天成元年。

十一月，王延翰自称闽国王。

十二月，王氏兄弟内讧，王延均、延禀起兵杀入福州，斩延翰，王延均为威武留后。

七月，后来为文益与休复撰写碑铭的韩熙载是年自后唐奔吴。

文益 42 岁，随桂琛参学。桂琛或在此年前后迁止漳州罗汉院。

927 年，丁亥，后唐天成二年。

十月，徐温卒，徐知诰执掌吴政。

瑞龙璋禅师示寂。

文益 43 岁，或仍跟随桂琛参学。

928 年，戊子，后唐天成三年。闽王王延钧度民二万为僧，由是闽中多僧。

是年秋天，桂琛禅师（867—）示寂，寿 62 岁。

十二月初二日，扣冰古佛示寂。保福从展禅师示寂。

文益 44 岁。或在此年到甘蔗州卓庵。

930 年，庚寅，后唐天成五年，长兴元年。

15 岁的徐景通（即后来的李璟）在庐山瀑布前筑读书台，后改为开先精舍。

文益 46 岁，或在甘蔗州卓庵。①

931 年，辛卯，后唐长兴二年。四月，王延禀再度进攻福州，兵败被杀。

---

① 《宗统编年》认为是年文益住抚州崇寿禅院。

沼禅师始到汝州恢复风穴古寺。

文益 47 岁。 或在甘蔗州卓庵。

932 年, 壬辰, 后唐长兴三年。

长庆慧稜禅师示寂。 师两处开法, 徒众 1500 人, 化行闽越 27

年, 寿 79 岁。

八月, 徐知诰广金陵城二十里。

文益 48 岁。 或在甘蔗州卓庵。

933 年, 癸巳, 后唐长兴四年。

一月, 王延均称帝, 改名为王鏻, 改福州名为长乐府。

五月, 徐知诰想要迁都金陵, 始营官城。

文益 49 岁。 或在甘蔗州卓庵。

934 年, 甲午, 后唐清泰元年。

徐知诰在金陵别治私第, 今年迁入。 文益后来主持的报恩禅院

或在此间建成, 先由曹山本寂弟子从志禅师主持。

文益 50 岁。

935 年, 乙未, 后唐清泰二年。

王鏻被杀, 长子王昶继位。

十二月, 桂琛舍利塔建成。

文益 51 岁, 或到江表丛林游览, 并始住抚州崇寿寺开法, 子昭

首座到访。

936 年, 丙申, 后晋天福元年。

石敬塘灭后唐, 建立后晋。

十一月, 吴主诏齐王徐知诰置百官, 以金陵府为西都。

文益 52 岁，住抚州崇寿寺。

937 年，丁酉，后晋天福二年。 南唐昇元元年。

二月，徐知诰受封为齐王。 三月，徐知诰更名为徐诰。

七月开始，多有人劝徐诰受禅继皇帝位。 十月，吴帝被迫禅位
于齐王徐诰。

十一月，徐诰称帝，国号齐，建都金陵。 其子徐景通（22 岁）
受封为吴王、太尉、尚书令，不久即改名为徐璟（即李璟）。

七月初七日，徐景通第六子从嘉（即李煜）出生在金陵。

一月上元日，风穴沼禅师开法。

八月，杭州龙册寺道怤禅师（868—937）示寂，寿 74 岁。

文益 53 岁。 或在此年，徐诰邀请文益赴金陵，初住报恩寺。

938 年，戊戌。 后晋天福三年。 南唐升元二年。

后晋石敬瑭割让燕云十六州给辽国。

徐诰奉徐温为义父，徐氏子孙皆封王、公，女封郡、县主。

文益 54 岁，住金陵报恩寺。

939 年，已亥，后晋天福四年。 南唐升元三年。

二月，徐诰恢复李姓，改名李昇，改国名为唐，史称南唐。①
时年李昇 52 岁。

七月，连重遇杀王昶，继立王（延）羲为闽王。

延寿在翠岩令参禅师门下出家。

文益 55 岁，主持金陵报恩寺。

---

① 宋欧阳修《新五代史》卷 62：徐氏诸子请昇（徐诰）复姓，昇谦抑不敢忘徐氏恩，百官皆
请，然后复姓李氏，改名曰昇。

940 年，庚子，后晋天福五年。 南唐升元四年。

闽王曦度民为僧万一千人。

五月，李昇遣使赴闽，试图劝解闽国内纷争。

文益 56 岁，主持金陵报恩寺。

941 年，辛丑，后晋天福六年。 南唐升元五年。

中原混乱，南唐安定、富庶，群臣进言开疆拓土，李昇坚持保
境安民的政策。

文益 57 岁，主持金陵报恩寺。

942 年，壬寅，后晋天福七年。 南唐升元六年。

德韶在文益处悟道后离开，回到吴越，游历天台。

文益 58 岁，主持金陵报恩寺。

943 年，癸卯，后晋天福八年。 南唐升元七年、保大元年。

一月，王延羲之弟王延政在建州称帝，国号大殷，殷闽时常
交兵。

二月，李昇死，寿 56 岁。 三月，李璟继位，改元，为南唐中
主。 李璟时年 28 岁。

十月，文益师兄休复悟空禅师去世。 文益接替主持金陵清
凉寺。

传说李璟邀请文益入内庭，见牡丹花赋诗，不确。

文益 59 岁。

944 年，甲辰，后晋开运元年。 南唐保大二年。

三月，连重遇、朱文进杀王羲，闽国大部归殷，次年王延政改
国名为闽。

十二月，闽国内乱，李璟遣查文徽为帅进攻闽。

文益 60 岁。

945 年，乙巳，后晋开运二年。 南唐保大三年。

二月，南唐以何敬洙为帅增兵福建。

八月，南唐克建州，闽主王延政投降南唐。

文益 61 岁。

946 年，丙午，后晋开运三年。 南唐保大四年。

十月，吴越出兵与南唐争夺福州。

十二月，契丹占领后晋都城汴梁（今开封）、密州（今山东胶
州）、青州（今山东潍坊）及沿淮诸戍皆降南唐，南唐正在用兵
福建，疲兵东南，无暇北顾。

李璟在清凉寺为父亲李昇建造一座大钟。

恒安向李璟进献《续新译贞元释教录》一卷。

文益 62 岁。

947 年，丁未，天福十二年。 南唐保大五年。

后汉刘知远入据汴梁，建立后汉，仍沿用“天福”年号。

三月，吴越军队在福州城下打败南唐，泉州刺史留从效将南唐
军队逐出泉州。

七月，清化全怤禅师（883—947）示寂，寿66岁（一说去年丙午
岁示寂，沩仰宗至此绝嗣）。

四月至十月间，德韶在台州与吴越国王子钱弘俶（929—988）
交往密切，有预言，并劝他急回杭州。

文益 63 岁。

948年，戊申，后汉乾祐元年。南唐保大六年。

南汉主（广主刘晟）屡请云门文偃禅师从韶州入都城广州问
法，待以师礼，赐号"匡真禅师"。

洞山初禅师在襄汉开法。

希觉律师逝世，年85岁。

去岁吴越内乱，钱弘倧被废，钱弘俶被迎立为吴越王。弘俶遣
使迎德韶至杭州，尊事之，以为国师。法眼之道开始在吴越之
地弘传。

文益64岁。

949年，己酉，后汉乾祐二年。南唐保大七年。

四月初十日，云门文偃禅师（864—949）示寂，法嗣61人，寿
86岁。

风穴沼禅师法席冠天下。

十一月，南唐军队渡淮北上，进攻正阳。次年正月撤回。马
楚政权发生内乱。

文益65岁。

950年，庚戌，后汉乾祐三年。南唐保大八年。

十二月，马希萼陷潭州（今长沙），弑其君马希广，自称"楚
王"。楚将李彦温、刘彦瑫率众归降南唐。乾祐年间，慧明与
吴越禅师辩论，文益诸弟子开始在吴越地区崭露头角。

文益66岁。

951年，辛亥，后周广顺元年。南唐保大九年。后汉灭亡，郭威建立
后周，都汴梁。

七月，韩熙载受命撰《南唐清凉寺悟空禅师碑》。

八月，楚国内乱加剧，南唐占领原属于楚的土地，南汉尽占岭南地区。

九月，李璟致祭悟空禅师。

文益 67 岁。

952 年，壬子，后周广顺二年。 南唐保大十年。

南唐援兖州之师，败绩于沭阳，主帅被俘，与后周交恶之始。

是岁南唐大旱。

冯延巳为为李璟序《楞严经》。

南院慧颙禅师示寂。

延寿禅师在德韶处悟道，初说法于雪窦山。

泉州招庆寺僧静、僧筠二禅僧编撰《祖堂集》20 卷成书。

文益 68 岁。

953 年，癸丑，后周广顺三年。 南唐保大十一年。

金陵火逾月，焚官寺民庐数千间。

南唐干旱持续，井泉干涸，淮河可涉，旱蝗交加，民饥，被迫流亡后周。 令各地修筑池塘以抗干旱，力役暴兴，民怨沸腾。

德韶劝钱弘俶遣使航海到新罗国，传写天台智者教法回国。

文益 69 岁。

954 年，甲寅，后周显德元年。 南唐保大十二年。

自去年六月至今年三月，南唐大饥疫，令各州县鬻粥食饿者。

七月，契丹主遣其舅父为使来聘，意外被杀。 南唐与契丹断绝交通。

十二月，雪峰法嗣杭州龙兴宗靖禅师示寂，寿 84 岁。

正月，郭威去世，养子柴荣继位，即周世宗。

文益 70 岁。

955 年，乙卯，后周显德二年。 南唐保大十三年。

正月 10 日，李璟作《四祖塔院疏》。

五月，后周世宗开始灭佛。 诏天下寺院，非敕赐寺额者皆废之，当年废寺院 30036 座，存 2690 座，留僧 42444 人，尼 18756 人。 九月，周世宗令民间铜器、佛像限五十日内全部送官。

吴越国钱弘俶铸八万四千小宝塔，中纳宝箧印心咒，广行颁施，世称"钱弘俶塔"。

六月，后周遣将攻打淮南。

文益 71 岁。

956 年，丙辰，后周显德三年。 南唐保大十四年。

后周世宗召华山隐士陈抟入京询问。

正月，周世宗亲征，占领滁州，南唐军队败退。

三月，李璟向周请和，愿以兄事，岁献方物，后又遣使带金银锦绮茶药牛酒等犒军请罢兵，再派遣司空孙晟、礼部尚书王崇质使周，请求去帝号，奉表请为外臣，三次都遭拒绝。 半年后孙晟及使团二百余人被杀。 南唐向契丹求援兵而不得。

文益 72 岁。

957 年，丁巳，后周显德四年。 南唐保大十五年。

《佛祖统记》、《隆兴佛教编年通论》说文益逝于此年，不确。

二月，周世宗再次亲征淮南。南唐军队发生内讧，朱元在前线叛唐降周。南唐丧师 4 万人。

三月，南唐丢失寿春。

十一月，周世宗再次亲征，十二月，南唐淮南诸州纷纷降周。后周占据扬州。

958 年，戊午，后周显德五年。南唐中兴元年。

三月，李璟遣使赴扬州见柴荣，供方物，请传位太子，以国为附庸，尽献江北郡县之未陷者，岁输土贡数十万，以此请求停战。周世宗赐书，允许南唐奉正朔罢兵，不许传位太子。

五月，李璟更名为景（避郭威之父郭璟之名讳），去帝号，自称国主，减损仪仗。奉北周显德年号为正朔。故南唐自周显德五年用中原正朔，但士大夫耻之，所以江南寺观中碑刻多不题年号，仅书"甲子"二字。

闰七月，文益示寂。停龛三七，颜貌如生，奉全身建塔。

谥大法眼禅师，后重谥大智藏大导师。寿 74 岁，僧腊 54 年。

959 年，己未，后周显德六年。

六月，周世宗卒。

960 年，庚申，北宋建隆元年。赵匡胤受禅代周建宋。

961 年，辛酉，北宋建隆二年。

二月，李景迁都洪都（今南昌）。六月，李景逝世，年 46 岁。李煜继位，年 25 岁。

九月十八日，文益弟子永明寺道潜禅师示灭。

970 年，庚午，北宋开宝三年。

李煜令境内崇修佛寺，于禁中广署僧尼精舍，多聚徒众，并与皇后顶僧伽帽，衣袈裟，诵佛经，拜跪顿颡至为瘤赘。从此建康僧众多达几千人，南唐给廪米缗帛以供养之。

971 年，辛未，北宋开宝四年。

开宝藏开始雕刻，983 年完工。

七月，文益弟子绍岩禅师（899—971）示灭，寿 73 岁。

972 年，壬申，北宋开宝五年。

六月二十八日，文益弟子德韶禅师（891—972）示寂，寿 82 岁，腊 64 年。

974 年，甲戌，开宝七年。

北宋开始进攻南唐。

高丽国王派三十六僧前来学习道法，法眼宗开始传布海外。

975 年，乙亥，北宋开宝八年。

十一月，南唐国灭，李煜降宋，年 49 岁。

永明延寿禅师（904—975）示寂，寿 72 岁，腊 37 年。

附录二:《宋高僧传》之《周金陵清凉文益传》

　　释文益,姓鲁氏,余杭人也。年甫七龄,挺然出俗,削染于新定智通院,依全伟禅伯。弱年得形俱无作法于越州开元寺。于时谢俗累以拂衣,出樊笼而矫翼,属律匠希觉师盛化其徒于鄮山育王寺,甚得持犯之趣,又游文雅之场,觉师许命为"我门之游夏也"。

　　寻则玄机一发,杂务俱损,振锡南游,止长庆禅师法会,已决疑滞,更约伴西出湖湘。尔日暴雨不进,暂望西院,寄度信宿,避溪涨之患耳。遂参宣法大师,曾住漳浦罗汉,闽人止呼"罗汉"。罗汉素知益在长庆颖脱,锐意接之、唱导之,由玄沙与雪峰血脉殊异,益疑山顿摧,正路斯得,欣欣然挂囊栖止,变途回轨,确乎不拔。

　　寻游方,却抵临川,邦伯命居崇寿,四远之僧求益者不减千计。江南国主李氏始祖知重,迎住报恩禅院,署号"净慧"。厥后微言欲绝,大梦谁醒?既传法而有归,亦同凡而示灭,以周显德五年戊午岁秋七月十七日有恙,国主纡于方丈问疾。闰月五日,剃发澡身,与众言别,加趺而尽,颜貌如生。俗年七十四,腊五十五。私谥曰"大法眼",

塔号"无相"。俾城下僧寺具威仪礼迎,引奉全身于江宁县丹阳乡起塔焉。

益好为文笔,特慕支汤之体,时作偈颂真赞,别形纂录。

法嗣弟子:天台德韶、慧明、漳州智依、钟山道钦、润州光逸、吉州文遂。

江南后主为碑颂德,韩熙载撰塔铭云。

《大正藏》50 册 13 卷

附录三：《十国春秋》之《文益传》

　　僧文益，余杭鲁氏子也，七岁，依睦州僧全伟落发。已而旁通儒典，又诣明州希觉听讲释书。希觉曰："我门之游、夏也。"元宗重其人，延住报恩院，赐号"净慧禅师"。常（尝）有献画障子者，文益问曰，"汝是手巧、心巧？"曰："心巧。"文益曰："谁是汝心？"其人默然无对。随机善诱，皆此类也。

　　保大末，政乱国危，上下不以为意，文益因观牡丹，献偈以讽曰："发从今日白，花是去年红。何须待零落，然后始知空。"元宗颇悟其意。交泰元年得疾，元宗亲加礼问。未几，剃发澡身，跏趺而逝，颜貌如生，年七十四。公卿以下素服奉全身于江宁县丹阳起塔，谥"大法眼禅师"，塔曰"无相"。后主命文益弟子行言为导师开法，再谥文益曰"大智藏大导师"。

　　（按《五代史补》载僧谦光素有才辨，饮酒茹荤，不殊于众。常与国主对食，从容语及释氏果报，因问："吾师亦有志愿否？"谦光对曰："但得鹅生四足、鳖加两裙，愿足矣。"或以为谦光即文益也，疑文益不应有此事，姑识于此。）

　　（中华书局 1983 年版，第 468 页。）

附录四:《景德传灯录》之《文益语录》

　　前漳州罗汉桂琛禅师法嗣。昇州清凉院文益禅师,余杭人也。姓鲁氏,七岁依新定智通院全伟禅师落发,弱龄禀具于越州开元寺。属律匠希觉师盛化于明州鄮山育王寺,师往预听习,究其微旨,复傍探儒典游文雅之场。觉师目为我门之"游夏"也。

　　师以玄机一发,杂务俱捐,振锡南迈,抵福州长庆法会。虽缘心未息,而海众推之。寻更结侣,拟之湖外。既行,值天雨忽作,溪流暴涨,暂寓城西地藏院,因参琛和尚。琛问:曰:"上座何往?"师曰:"迤逦行脚云。"曰:"行脚事作么生?"师曰:"不知。"曰:"不知最亲切。"师豁然开悟,与同行进山主等四人因投诚咨决,悉皆契会,次第受记,各镇一方,师独于甘蔗洲卓庵。因议留止,进师等以江表丛林欲期历览,命师同往。

　　至临川,州牧请住崇寿院。初开堂日,中坐茶筵未起,四众先围绕法座,时僧正白师曰:"四众已围绕和尚法座了。"师曰:"众人却参真善知识。"少顷升座,大众礼请讫。师谓众曰:"众人既尽在此,山僧不可无言,与大众举一古人方便,珍重!"便下座。时有僧出礼拜,师曰:"好问著。"僧方申问次,师曰:"长老未开堂,不答话。"

子方上座自长庆来。师举先长庆稜和尚偈而问曰："作么生是万象之中独露身？"子方举拂子。师曰："恁么会又争得？"曰："和尚尊意如何？"师曰："唤什么作万象？"曰："古人不拨万象。"师曰："万象之中独露身，说什么拨不拨？"子方豁然悟解，述偈投诚。自是诸方会下有存知解者翕然而至，始则行行如也，师微以激发，皆渐而服膺，海参之众常不减千计。

师上堂，大众立久，乃谓之曰："只恁么便散去，还有佛法也无，试说看。若无，又来这里作么？若有，大市里人聚处亦有，何须到这里？诸人各曾看《还源观》、《百门义海》、《华严论》、《涅槃经》诸多策子，阿那个教中有这个时节？若有，试举看。莫是恁么经里有恁么语是此时节么？有什么交涉？所以微言滞于心首，常为缘虑之场，实际居于目前，翻为名相之境。又作么生得翻去？若也翻去，又作么生得正去？还会么？莫只恁么念策子，有什么用处？"

僧问："如何披露，则得与道相应？"师曰："汝几时披露即与道不相应？"

问："六处不知音时如何？"师曰："汝家眷属一群子。"

师又曰："作么生会？莫道恁么来问，便是不得。汝道'六处不知音'——眼处不知音、耳处不知音……若也根本是有，争解无得？古人道：离声色著声色，离名字著名字。所以无想天修得，经八万大劫，一朝退堕，诸事俨然，盖为不知根本真实，次第修行三生六十劫、四生一百劫，如是直到三祇果满，他古人犹道：不如一念缘起无生，超彼三乘权学等见。又道：弹指圆成八万门，刹那灭却三祇劫。也须体究。若如此，用多少气力？"

僧问："指即不问，如何是月？"师曰："阿那个是汝不问底指？"

又僧问："月即不问，如何是指？"师曰："月。"曰："学人问指，和尚为什么对月？"师曰："为汝问指。"

江南国主重师之道，迎入住报恩禅院，署"净慧禅师"。

师上堂谓众曰："古人道，我立地待汝觏去。山僧如今坐地待汝觏去，还有道理也无？那个亲那个疏？试裁断看。"

问："洪钟才系，大众云臻，请师如是。"师曰："大众会何似汝会？"

问："如何是古佛家风？"师曰："什么处看不足？"

问："十二时中如何行履即得与道相应？"师曰："取舍之心成巧伪。"

问："古人传衣，当记何人？"师曰："汝什么处见古人传衣？"

问："十方贤圣皆入此宗，如何是此宗？"师曰："十方贤圣皆入。"

问："如何是佛向上人？"师曰："方便呼为佛。"

问："声色两字，什么人透得？"师却谓众曰："诸上座，且道这个僧还透得也未？若会此问处，透声色即不难。"

问："求佛知见，何路最径？"师曰："无过此。"

问："瑞草不凋时如何？"师曰："谩语。"

问："大众云集，请师顿决疑网。"师曰："寮舍内商量，茶堂内商量。"

问："云开见日时如何？"师曰："谩语真个。

问："如何是沙门所重处？"师曰："若有纤毫所重，即不名沙门。

问："千百亿化身于中，如何是清净法身。？"师曰："总是。"

问："簇簇上来，师意如何？"师曰："是眼不是眼。"

问："全身是义，请师一决。"师曰："汝义自破。"

问："如何是古佛心？"师曰："流出慈悲喜舍。"

问："百年暗室，一灯能破，如何是一灯？"师曰："论什么百年？"

问："如何是正真之道？"师曰："一愿也，教汝行，二愿也，教汝行。"

问："如何是一真之地？"师曰："地则无一真。"

曰："如何卓立？"师曰："转无交涉。"

问："如何是古佛？"师曰："即今也无嫌处。"

问："十二时中如何行履？"师曰："步步踏著。"

问："古镜未开如何显照？"师曰："何必再三？"

问："如何是诸佛玄旨？"师曰："是汝也有。"

问："承教有言：从无住本，立一切法。如何是无住本？"师曰："形兴未质，名起未名。"

问："亡僧衣，众僧唱；祖师衣，什么人唱？"师曰："汝唱得亡僧什么衣？"

问："荡子还乡时如何？"师曰："将什么奉献？"

曰："无有一物。？"师曰："日给作么生？"

师后迁住清凉，上堂示众曰："出家人但口时及节便得，寒即寒，热即热。欲知佛性义，当观时节因缘。古今方便不少，不见石头和尚因看《肇论》云：'会万物为己者，其唯圣人乎？'他家便道：'圣人无己。 靡所不己。'有一片言语唤作《参同契》，末上云：'竺土大仙心'，无过此语也，中间也只随时说话。 上座，今欲会万物为己去，盖为大地无一法可见。 他又嘱人云：'光阴莫虚度'。 适来向上座道：'但随时及节便得'，若也移时失候，即是虚度光阴，于非色中作色解；上座，于非色中作色解，即是移时失候。 且道色作非色解，还当不当？ 上座，若恁么会，便是没交涉。 正是痴狂两头走，有什么用处？上座，但守分随时过好，珍重。"

问："如何是清凉家风？"师曰："汝到别处，但道到清凉来。"

问："如何得诸法无当去？"师曰："什么法当著上座？"曰："争奈日夕何？"师曰："闲言语。"

问："观身如幻化，观内亦复然时如何？"师曰："还得恁么也无？"

问："要急相应，唯言不二，如何是不二之言？"师曰："更添些子得么。"

问："如何是法身？"师曰："这个是应身。"问："如何是第一义？"师曰："我向汝道是第二义。"

师问修山主："毫厘有差，天地悬隔，兄作么生会？"修曰："毫厘有差，天地悬隔。"师曰："恁么会，又争得？"修曰："和尚如何？"师曰："毫厘有差，天地悬隔。"修便礼拜礼拜。

（东禅齐拈云：山主恁么祇对，为什么不肯？ 及乎再请益，法眼亦只恁么道，便得去，且道疑讹在什么处？ 若看得透，道上坐有来由。）

师与悟空禅师向火，拈起香匙问悟空云："不得唤作香匙，兄唤作什么？"悟空云："香匙。"师不肯。 悟空却后二十余日方明此语。

　　（东禅齐拈云：丛林中总道悟空好语，法眼须有此语。 若恁么，会还梦见也未？ 除此外，别作么生会法眼意？ 上坐既不唤作"香匙"，唤作什么？ 别下一转子看，要知上坐平生眼。）

　　因僧斋前上参，师以手指帘，时有二僧同去卷帘。 师曰："一得一失。"

　　（东禅齐拈云：上坐且作么生会？ 有云：为伊不明旨，便去卷帘；亦有道：指者即会，不指而去者即失。 恁么会，还可不可？ 既不许恁么会，且问上坐阿那个得、阿那个失？）

　　因云门问僧"什么处来"，云"江西来"，云门云："江西一队老宿呓语住也未？"僧无对。 僧问师："不知云门意作么生？"师曰："大小云门，被这僧勘破。"

　　师问僧："什么处来？"曰："道场来。"师曰："明合、暗合？"僧无语。

　　师令僧取土添莲盆，僧取土到，师曰："桥东取、桥西取？"曰："桥东取。"师曰："是真实、是虚妄？"

　　师问僧："什么处来？"曰："报恩来。"师曰："众僧还安否？"曰："安。"师曰："吃茶去。"

　　师问僧："什么处来？"曰："泗州礼拜大圣来。"师曰："今年出塔否？"曰："出。"师却问傍僧曰："汝道伊到泗州不到？"

　　师问宝资长老："古人道'山河无隔隔碍，光明处处透'，作么生是处处透底光？"资曰："东畔打罗声。"（归宗柔别云：和尚拟隔碍？）

　　师指竹问僧："还见么？"曰："见。"师曰："竹来眼里、眼到竹边？"僧曰："总不恁么。（法灯别云：当时但擘眼向师。归宗别云：和尚只是不信某甲。）

有俗士献师画障子，师看了问曰："汝是手巧、心巧？"曰："心巧。"师曰："那个是汝心？"俗士无对。（归宗代云：某甲今日却成容易。）

僧问："如何是第二月？"师曰："森罗万象。"

曰："如何是第一月？"师曰："万象森罗。"

师缘被于金陵，三坐大道场，朝夕演旨，时诸方丛林咸遵风化，异域有慕其法者，涉远而至，玄沙正宗中兴于江表。师调机顺物，斥滞磨昏，凡举诸方三昧，或入室呈解，或叩激请益，皆应病与药，随根悟入者不可胜纪。

以周显德五年戊午七月十七日示疾，国主亲加礼问，闰月五日，剃发沐身，告众讫，跏趺而逝。颜貌如生，寿七十有四，腊五十四。城下诸寺院具威仪迎引。公卿李建勋已下，素服奉全身于江宁县丹阳乡起塔。谥"大法眼禅师"，塔曰"无相"。嗣子天台山德韶（吴越国师）、文遂（江南国导师）、慧炬（高丽国师）等一十四人先出世，并为王侯礼重；次龙光泰钦等四十九人后开法，各化一方，如本章叙之。后因门人行言署"玄觉导师"，请重谥"大智藏大导师"。三处法集及著偈颂、真赞、铭记、诠注等，凡数万言，学者缮写，传布天下。

《大正藏》51 册《景德传灯录》卷 24。

附录五:法眼禅师宗门十规论

自 叙

文益幼脱繁笼,长闻法要,历参知识,垂三十年。 而况祖派瀚漫,南方最盛,于焉达者,罕得其人。 然虽理在顿明,事须渐证,门庭建化固有多方,接物利生其归一揆。 苟或未经教论,难破识情,驱正见于邪途,汩异端于大义,误斯后进,枉入轮回。 文益中测颇深,力排匪逮,拒辙之心徒壮,酾河之智无堪。 于无言中强显其言,向无法中强存其法,宗门指病,简辩十条,用诠诸妄之言,以救一时之弊。 谨叙。

目 次

不经淘汰臆断古今言句第六

记持露布临时不解妙用第七

不通教典乱有引证第八

不关声律不达理道好作歌颂第九

护己之短好争胜负第十

自己心地未明妄为人师第一

论曰：心地法门者，参学之根本也。心地者何耶？如来大觉性也。由无始来，一念颠倒，认物为己，贪欲炽盛，流浪生死，觉照昏蒙，无明盖覆，业轮推转，不得自由，一失人身，长劫难返。所以诸佛出世，方便门多，滞句寻言，还落常断，祖师哀悯，心印单传，俾不历阶级，顿超凡圣，只令自悟，永断疑根。近代之人，多所慢易，丛林虽入，懒慕参求，综成留心，不择宗匠，邪师过谬，同失指归，未了根尘，辄有邪解，入他魔界，全丧正因。但知急务住持，滥称知识，且贵虚名在世，宁论袭恶于身？不惟聋瞽后人，抑亦凋弊风教，登法王高广之坐，宁卧铁床，受纯陀最后之羞，乍饮铜汁，大须战栗，无宜自安，谤大乘愆，非小罪报。

党护门风不通议论第二

论曰：祖师西来，非为有法可传，以至于此。但直指人心，见性成佛，岂有门风可尚者哉？然后代宗师建化有殊，遂相沿革，且如能、秀二师，元同一祖，见解差别，故世谓之南宗、北宗。能既往矣，故有思、让二师绍化，思出迁师，让出马祖，复有江西、石头之号。从二枝下，各分派列，皆镇一方，源流滥觞，不可弹纪。逮其德山、林际、沩仰曹洞、雪峰、云门等，各有门庭施设、高下品提，至于相继子孙，护宗党祖，不原真际，竟出多岐，矛盾相攻，缁白不辨。呜呼，殊不知大道无方，法流同味，向虚空空而布彩，于铁石以投针，角争斗为神通，骋唇舌作三昧，是非锋起，人我山高，忿怒即是修罗见解，终成外道，傥不遇于良友，难可拔于迷津。虽是善因，而招恶果。

举令提纲不知血脉第三

论曰：夫欲举唱宗乘，提纲法要，若不知于血脉，皆是妄称异端。其间有先唱后提，抑扬教法，顿挫机锋，祖令当施，生杀在手；或壁立千仞，水泻不通；或暂许放行，随波逐浪；如王按剑，贵得自由。作用在于临时，纵夺犹于管带；波腾岳立，电转风驰；大象王游，真师子吼。多见不量己力，剽窃人言，但知放而不知收，虽有生而且无杀，奴郎不辨，真伪不分，玷渎古人，埋没宗旨。人人向意根下卜度，个个于阴界里推求，既懵于触目菩提，只成得相似般若。于无住本，建立法幢，代佛宣扬，岂同容易？不见云门大师道："尽大唐国内，觅一个举话人也难得。"又不见黄檗和尚道："马大师出八十余员善知识，问着个个阿𥔉𥔉地，惟有庐山和尚较些子。"是知当此位次，若会举令提纲，便是十成宗匠。何以知之？不见古人道：从苗辨地，因话识人，直饶瞬目扬眉，早是一时验了。况为模范，得不慎欤？

对答不观时节兼无宗眼第四

论曰：凡为宗师，先辨邪正，邪正既辨，更要时节分明；又须语带宗眼，机锋酬对，各不相辜。 然虽句里无私，亦假言中辨的。 曹洞则敲唱为用，临济则互换为机，韶阳则函盖截流，沩仰则方圆默契。 如谷应韵，似关合符，虽差别于规仪，且无碍于融会。 近代宗师失据，学者无稽，用人我以争锋，取生灭为所得，接物之心安在？ 破邪之智蔑闻，棒喝乱施，自云曾参德峤、临济，圆相互出，惟言深达沩山、仰山。 对答既不辨纲宗，作用又焉知要眼？ 诳谑群小，欺昧圣贤，诚取笑于傍观，兼招尤于现报。 所以一宿觉云："欲得不招无间业，莫谤如来正法轮。 似此之辈，不可弹论，但脱师承。 都乏己见，无本可据，业识茫茫，惟可哀怜，难以为报。

理事相违不分触净第五

论曰：大凡祖佛之宗，具理具事，事依理立，理假事明，理事相资，还同目足。 若有事而无理，则滞泥不通；若有理而无事，则汗漫无归。 欲其不二，贵在圆融。 且如曹洞家风，则有偏有正、有明有暗；临济有主有宾、有体有用，然建化之不类，且血脉而相通，无一不该，举动皆集。 又如法界观，具谈理事，断自色空。 海性无边，摄在一毫之上；须弥至大，藏归一芥之中。 故非圣量使然，真猷合尔。 又非神通变现，诞生推称。 不着他求，尽由心造。 佛即众生，具平等故。 苟或不知其旨，妄有谈论，致令触净不分，啄讹不辨。 偏正滞于回互，体用混于自然，谓之一法不明，纤尘翳目。 自病未能剿绝，他疾安可医治？ 大须审详，固非小事。

不经淘汰臆断古今言句第六

论曰：夫为参学之人，既入丛林，须择善知识，次亲朋友。 知识要其指路，朋友贵其切磋。只欲自了其身，则何以启进后学？振扬宗教、接物利生，其意安在？看他先德，梯航山海，不避死生；为一两转之因缘，有纤瑕之疑事，须凭抉择，贵要分明。作亲伪之箴规，为人天之眼目，然后高提宗印，大播真风；征引先代是非，鞭挞未了公案。如不经淘汰，臆断古今，则何异未学剑而强舞太阿，不习坎而妄凭深涉，得无伤手陷足之患耶？

夫善取有，如鹅王择乳；不善依，若灵龟矫踪。况其间有逆顺之机，回互之语；出其生而却就死地，将其生而翻寄偏门。非可肆其狂心，辄使测他圣意！况一字法门之要，有万端建化之方，得不慎诸，以防来者。

记持露布临时不解妙用第七

论曰：学般若人，不无师法。既得师法，要在大用现前，方有少分亲切。若但专守师门，记持露布，皆非颖悟，尽属见知。所以古人道见与师齐，减师半德；见超于师，方扬师教。六祖又谓明上座云："吾与汝言，皆非密事，密在汝边！"又岩头谓雪峰云："一一从自己胸中流出。"是知言语棒喝，非假师承；妙用纵横，岂求他合？贬之则珠金丧彩，赏之则瓦砾增辉。可行即行，理事俱修；当用即用，毫厘不差。真丈夫材，非儿女事。切忌承言滞句，便当宗风；鼓吻摇唇，以为妙解。况此不假筌蹄，得入思虑能知。智出于广漠之乡，神会于不测之境。龙象蹴踏，非驴所堪。

不通教典乱有引证第八

论曰：凡欲举扬宗乘，援引教法，须是先明佛意，次契祖心，然后可举而行，较量疏密。倘或不识义理，只当专守门风，如辄妄有引证，自取讥诮。且如修多秘藏，尽是指踪；圆顿上乘，悉同标目。假使解得百千三昧、沙数法门，只益自劳，非干他事！况复会权归实，摄裔还源，于其净界中，不受一尘。况佛事门中，不舍一法！不免据情结款，就体解纷，与我祖宗全无交涉。

颇有横经大士，博古真流，夸舌辩如利锋，骋学富如囷积。到此须教寂默，语路难伸。从来记忆言辞，尽是数他珍宝。始信此门奇特，乃是教外别传。后进之徒，莫自埋没，遭他哂笑，有辱宗风。勿谓不假熏修，便乃得少为足，末既不晓，本何明哉？

不关声律不达理道好作歌颂第九

论曰：宗门歌颂，格式多般，或短或长，或今或古。假声色而显用，或托事以伸机，或顺理以谈真，或逆事而矫俗。虽则趋向有异，其奈发兴有殊。总扬一大事之因缘，共赞诸佛之三昧。激昂后学，讽刺先贤，皆主意在文，焉可妄述？稍睹诸方宗匠，参学上流，以歌颂为等闲，将制作为末事。任情直吐，多类于野谈；率意便成，绝肖于俗语。自谓不拘粗旷，匪择秽孱；拟他出俗之辞，标归第一之义。识者览之嗤笑，愚者信之流传。使名理而浸消，累教门之愈薄。不见华严万偈、祖颂千篇，俱烂漫而有文，悉精纯而靡杂，岂同猥俗，兼糅戏谐！在后世以作经，在群口而为实，亦须稽古，乃要合宜。苟或乏于天资，当自甘于木讷，胡必强攀英俊，希慕贤明；呈丑拙以乱风，织弊讹而贻戚？无惑妄诞，以滋后羞！

护己之短好争胜负第十

论曰：且如天下丛林至盛，禅社极多，聚众不下半千，无法况无一二！其间或有抱道之士，洁行之人，肯暂徇于众情，勉力绍于祖席。会十方之兄弟，建一处之道场。朝请暮参，匪惮劳苦。且欲续佛慧命，引道初机，非为治激声名，贪婪利养。如钟待扣，遇病与医。澍法雨则大小无偏，振法雷则远近咸应。其荣枯自异，动蛰差乖。固非选择之情，行取舍之法。盖有望风承嗣，窃位住持，便为我已得最上乘超世间法，护己之短，毁人之长；诳惑于廛愚，咀嚼于屠贩。声张事势，矜托辩才。以讦露为慈悲，以佚滥为德行。破佛禁戒，弃僧威仪；返凌铄于二乘，倒排斥于三学。况不撿于大节，自许是其达人？

然当像季之时，魔强法弱，假如来之法服，盗国王之恩威。口谈解脱之因，心弄鬼神之事。既无愧耻，宁避罪愆？今乃历叙此徒，须警来者。遇般若之缘非小，择师资之道尤难。能自保任，终成大器。强施瞑眩，甘受谤嫌。同道之人，幸宜助发。

《万续藏》第 110 册、《禅宗全书》第 32 册

参考文献：

1、【姚秦】鸠摩罗什译《思益梵天所问经》，大 15 册。

2、【后秦】僧肇：《宝藏论》，大 45 册。

3、【唐】道世撰《法苑珠林》卷 14，大 53 册 392 上。

4、【唐】智严集《玄沙师备禅师广录》卷 3，续 73 册 25 下。

5、【五代】文益：《宗门十规论》，续 63 册。

6、【宋】赞宁等撰《宋高僧传》大 50 册。

7、【宋】赞宁：《大宋僧史略》，大 54 册。

8、【宋】契嵩：《传法正宗记》，大 51 册。

9、【宋】契嵩：《镡津文集》卷 2，大 52 册。

10、【宋】志磐：《佛祖统记》，大 49 册。

11、【宋】道原：《景德传灯录》，大 51 册。

12、【宋】楚圆集《汾阳无德禅师语录》，大 47 册。

13、【宋】颐藏：《古尊宿语录》，续 68 册。

14、【宋】守坚集《云门匡真禅师广录》，大 47 册。

15、【宋】集成编《宏智禅师广录》，大 48 册。

16、【宋】圆悟：《碧岩录》，大 48 册。

17、【宋】惠洪著：《林间录》，续 87 册。

18、【宋】惠洪著：《禅林僧宝传》续 79 册。

19、【宋】宝昙：《大光明藏》卷 3，续 79 册。

20、【宋】守诠等编：《应庵昙华禅师语录》，续 69 册。

21、【宋】悟明集《联灯会要》,续 79 册。

22、【宋】普济集《五灯会元》,续 80 册。

23、【宋】绍隆等编《圆悟佛果禅师语录》,大 47 册。

24、【宋】蕴闻等编《大慧普觉禅师语录》,大 47 册。

25、【宋】守遂注《沩山警策注》,续 63 册。

26、【宋】颐藏主集《古尊宿语录》,续 68 册。

27、【宋】宗杲集《正法眼藏》,续 67 册。

28、【宋】智昭编集:《人天眼目》,大 48 册。

29、【宋】宗晓编《四明尊者教行录》卷 7,大 46 册。

30、【宋】本觉编集《释氏通鉴》卷 12,续 76 册。

31、【宋】道谦编《大慧宗杲禅师宗门武库》,大 47 册。

32、【宋】《痴绝和尚语录》,续 70 册。

33、【宋】陈舜俞撰《庐山记》,大 51 册。

34、【宋】祖琇:《隆兴佛教编年通论》,续 75 册。

35、【宋】善卿编正:《祖庭事苑》,续 64 册。

36、【元】行秀:《请益录》卷 1,续 67 册 478 下。

37、【元】行秀:《从容庵录》卷 4,大 48 册 267 页上。

38、【元】昙噩《新修科分六学僧传》卷 8,续 77 册 142 下。

39、【元】觉岸编《释氏稽古略》卷 3,大 49 册 854 中。

40、【元】行秀《从容庵录》卷 4,大 48 册 267 上。

41、【元】姜端礼撰《虚堂集》卷 6,续 67 册 374 下。

42、【元】熙仲集《历朝释氏资鉴》卷 6,续 76 册 179 中。

43、【明】林弘衍编《雪峰义存禅师语录》卷下,续 69 册 78 中。

44、【明】语风圆信、郭凝之编《金陵清凉院文益禅师语录》,大 47 册。

45、【明】戒显:《禅门锻炼说》,续 63 册。

46、【明】如惺:《大明高僧传》,大 50 册。

47、《高峰原妙禅师语录》,续 70 册。

48、【明】心泰编《佛法金汤编》,续 87 册。

49、【明】袾宏《缁门崇行录》,续 87 册。

50、【明】如卺集《禅宗正脉》,续 85 册。

51、【明】明河撰《补续高僧传》,续 77 册。

52、【日本】玄契编《抚州曹山本寂禅师语录》,大 47 册。

53、【清】道霈:《还山录》,续 72 册。

54、【清】道霈:《圣箭堂述古》,续 73 册。

55、【清】道霈编《永觉元贤禅师广录》,续 72 册。

56、【清】德基辑录《毗尼关要》,续 40 册。

57、【清】书玉科:《沙弥律仪要略述义》,续 60 册。

58、【清】清符彙集《宗门拈古彙集》,续 66 册。

59、【清】超溟著《万法归心录》,续 65 册。

60、【清】性统编:《五家宗旨纂要》,续 65 册。

61、【南唐】静、筠编《祖堂集》,蓝吉富主编:《禅宗全书》第 1 册。

62、【日】无著道忠:《禅林象器笺》,《禅宗全书》第 96、97 册。

66、邓克铭:《法眼文益禅师之研究》,台北:东初出版社 1980 版。

67、庄白珍:《法眼文益禅教思想》慈济大学 2007 硕士论文。

68、黄秋香:《法眼文益思想研究》,辅仁大学 1998 年硕士论文。

69、蒋义斌:《法眼文益的禅教思想》,《中华佛学学报》第 13 期。

70、【日】忽滑谷快天著,朱谦之译:《中国禅学思想史》,上海古籍出版社 1994 年版。

71、杨曾文:《唐五代禅宗史》,中国社会科学出版社 1999 年版。

72、杜继文、魏道儒:《中国禅宗通史》,江苏人民出版社 2008 年版。

73、吴言生,《禅宗诗歌境界》,中华书局 2001 年版。

74、潘桂明,《中国禅宗思想历程》,今日中国出版社 1992 年版。

75、刑东风:《禅悟之道——南宗禅学研究》,中国人民大学出版社 1992 年版。

76、冉云华:《中国禅学研究论集》,台北东初出版社 1990 年版。

77、吴立民、徐孙铭编:《禅宗宗派源流》,中国社会科学出版社 1998 年版。

78、杜松柏:《禅学与唐宋诗学》,台北黎明文化有限公司 1978 年版。

79、葛兆光:《中国禅思想史》,北京大学出版社 1995 年版。

80、张曼涛主编:《禅宗史实考辨》,《现代佛教学术丛刊》第 4 册,台北大乘文化出版社 1977 年版。

81、张曼涛主主编:《中国佛教史论集(二)隋唐五代篇》,《现代佛教学术丛刊》第 6 册,

台北大乘文化出版社 1977 年版。

82、柳田圣山著,吴汝钧译:《中国禅思想史》,台北商务印书馆 1995 版。

83、【日】阿部肇一著,关世谦译:《中国禅宗史—南宗禅成立以后的政治社会史研究》,台北东大出版社 1988 版。

84、高柏圆:《禅学与中国佛学》,台北里仁书局 2001 版。

85、【日】镰田茂雄著,郑彭年译:《简明中国佛教史》,蓝吉富编《世界佛学名著译丛》(42)华宇出版社 1987 年版。

86、【日】关田一喜著,曾桂美译:《坐禅的理论与实践》,同上(43)。

87、【日】牧田谛亮:《五代宗教史年表》,藤堂恭俊:《中国佛教史》(下),同上(45)。

88、【日】高雄义坚著,陈季菁译:《宋代佛教史研究》,同上(47)。

89、颜尚文:《隋唐佛教宗派研究》,台北新文丰出版社 1970 版。

90、严耀中:《江南佛教史》,上海人民出版社 2000 年版。

91、范文澜:《隋唐五代佛教大事年表》,人民出版社 1979 年版。

92、赖建成:《晚唐暨五代禅宗的发展—以与会昌法难有关的僧侣和禅门五宗为

重心》,台湾文化大学史学研究所 1994 年博士论文。

93、【明】葛寅亮,《金陵梵刹志》,杜洁祥编:中国佛寺史志汇刊(第 1 辑,4 册、5 册),台北明文书局 1980 年版。

94、【后晋】刘昫等:《旧唐书》,中华书局 2000 年版。

95、【宋】薛居正:《旧五代史》,中华书局 2000 年版。

96、【宋】司马光等:《资治通鉴》中华书局 2007 年版。

97、【宋】欧阳修、宋祁:《新唐书》,中华书局 1997 年版

98、【宋】陈彭年:《江南别录》,《四库全书》464 册,台北商务印书馆影印故宫博物院藏文渊阁本 1983 年版。

99、【宋】陶岳:《五代史补》,《四库全书》407 册,同上。

100、【宋】陆游:《入蜀记》,《四库全书》,460 册,同上。

101、【宋】马令:《南唐书》,四部丛刊广编,12 册。

102、【宋】陆游:《南唐书》,四部丛刊广编,12 册。

103、【清】吴任臣:《十国春秋》,中华书局 1983 年版。

104、白寿彝主编:《中国通史》,上海人民出版社 1999 年版。

105、张伯伟编校:《稀见宋人诗话四种》,江苏古籍出版社 2002 年版。

106、王仲塋,《隋唐五代史》,上海人民出版社 1992 版。

107、陈尚君辑纂:《旧五代史新辑会证》(全 12 册),复旦大学出版社 2005 年版。

108、方立天:《禅宗精神——禅宗思想的核心、本质及特点》,《哲学研究》1995 年第 3 期。

109、何剑明:《论佛教法眼宗的兴盛与南唐国的衰亡》,《学海》2004 年 5 期。

110、蓝日昌:《宗派与灯统——论隋唐佛教宗派观念的发展》,《成大宗教与文化学报》2004 年第 4 期。

111、陈葆真:《南唐三主与佛教信仰》,《佛学与文学—佛教文学与艺术学研讨会论文集(文学部份)》252 页,台湾法鼓文化出版社 2001 年版。

112、张胜珍：《何须待零落,然后始知空——法眼文益的一首禅偈》,《世界宗教文化》2004 年 1 期。

113、王荣国：《唐大安禅师生平考》,《宗教学研究》,2001 年第 3 期。

114、谢重光：《也谈文益禅师参桂琛的地点和年代》,《世界宗教研究》2003 年 1 期。

115、【日】冢本俊孝：五代南唐の王室と佛教,《佛教文化研究》3 号,1953 年。

116、宇井伯寿：《禅宗史研究》,东京岩波书局 1966 年版。

117、铃木哲雄：《唐五代禅宗史》,山喜房佛书林 1985 版。

118、John C. H. Wu, The golden age of Zen: Zen master of the Tang dynasty, Bloomington: World Wisdom, 2003.

119、Seeing through Zen: encounter, transformation, and genealogy in Chinese Chan Buddhism, Berkeley: University of California Press, 2003. Dumoulin Heinrich,

120、McRae John R., The Northern School and the formation of early Ch'an Buddhism, Hawaii, Honolulu: University of Hawaii Press, 1986.

后　记

　　本书之写作，遇到的难题之一是有关史料太少。禅史灯录中有关文益禅师的记载，或歧义迭出，或语焉不详，有的地方甚至十几年生平一笔带过。故我在本书写作中，尝试运用以下两种方法以弥补史料不足的缺憾：一是尽可能清晰地交代相关背景，也包括与禅宗有关的典章制度等，这样使得传主的生平经历看起来较有实质感，或也可因此发现一些容易被忽略的细节问题；二是引述佛教经论以铺叙禅宗修行的内涵及其基本进程，以之与相关史料相互参证，以期能够清晰地勾勒出文益禅师的生平、思想及精神特质。

　　说到这里，有必要交代一下我的禅宗观念。笔者向来认为，禅宗是大乘之初门、般若之行门，禅宗修行，其理论、内涵、进程等等，绝不可能外于佛教经论一丝一毫。故禅宗修行，多可以在佛教经论中寻找到确凿的依据。法眼宗本来就有"禅教合一"的倾向，到永明延寿禅师《宗镜录》为集大成；宋代圆悟克勤禅师、大慧宗杲禅师等语录中也多有此类言论可作明证。这本来是一个常识，无需多言，但现代学者多有认为中国禅宗为老庄化佛教者，而且这是本书写作的一个基本方法，故在这里还是有必要作一交代的。

　　早在 20 世纪 90 年代初我即对"禅"感兴趣。现在还记得当时初读铃木大作《禅风禅骨》而恍惚若有所得、若有所失的情形。从事《法眼文益禅师》的写作，为我探索禅法理论提供了一个机会。方立天老师在《中国佛教哲学要义》中提到，"研究佛教的态度"应该有"同情之默应"、"心性之体会"，这也是笔者写作本书时的"不二法门"。因为禅偏重实践性，故"体悟"似可作为更为深入的"同情之默应"。"体悟"云者，一是自己先要在心地上说得通达，二是要与佛教经论、理论相符合，三是必须合情合理，这样看古人作略才能亲切、生动。故本书中所讨论的禅法理论，不敢说没有错讹之处，但笔者尽力要说得实在、清楚些，例如"禅"之修行要超越生死烦恼，那么如何完成此种超越？其理论依据何在？需要何种实践？禅师为人，如何能够在一言一境上就能开发学人的智慧？这些问题，都是需要回到禅史本身细细斟酌、思量的，也是需要有所"体悟"才能说明白的。笔者只是希望，本书中的相关讨论能够起到抛砖引玉的作用。

去年年底从泉州搬到厦门的时候，我才突然意识到自己生活了一年多的地方与中国禅宗的渊源有多么深刻。雪峰义存禅师、曹山本寂禅师都是从泉州走出去的一代禅宗大师；随便在《景德传灯录》中查一下，唐宋时期泉州籍贯的著名禅师就有几十个。中国近代佛教史上，虚云禅师是从泉州逃婚走的；或者还可随便提一下弘一法师在泉州驻锡十几年；当然还有广钦禅师，我惊讶地发现，他当年闭关修行就在清源山内，在我居所的阳台上，抬眼看一看，就可以见到那一片苍茫无际、云雾缭绕的大山。人生机遇有时候真的很奇怪。我宁愿相信，本书之写作，冥冥中或有什么说不清楚的机缘。

最后对提供本书写作机会的本性法师以及始终关注本书出版的福建省开元佛教文化研究所的张善荣老师、妙智法师、陈海平居士、马海燕博士表示诚挚的谢意。

张云江
2010 年 6 月于厦门

图书在版编目(CIP)数据

法眼文益禅师/张云江著. —厦门:厦门大学出版社,2010.9
(福建历代高僧评传)
ISBN 978-7-5615-3685-8

Ⅰ.①法… Ⅱ.①张… Ⅲ.①文益禅师(885~958)-评传 Ⅳ.①B949.92

中国版本图书馆 CIP 数据核字(2010)第 192934 号

厦门大学出版社出版发行
(地址:厦门市软件园二期望海路 39 号 邮编:361008)
http://www.xmupress.com
xmup @ public. xm. fj. cn
福州万达印刷有限公司印刷
2010 年 9 月第 1 版 2010 年 9 月第 1 次印刷
开本:787×1092 1/16 印张:17
字数:200 千字 印数:1~4000 册
定价:34.00 元
本书如有印装质量问题请直接寄承印厂调换